Ocho comedias y ocho entremeses nuevos, nunca representados

Miguel de Cervantes Saavedra

Volumen I

El gallardo español

La casa de los celos y selvas de Ardenia

Marina Española, 2
50006 Zaragoza
aneto.sl@arrakis.es

Impresión y encuadernación: Litografía Rosés, S.A.

ISBN: 84-95349-18-3 (O.C.)
ISBN: 84-95349-32-9 (tomo XIV)

D. L.: B. 8048-2005

PRÓLOGO AL LECTOR

No puedo dejar, lector carísimo, de suplicarte me perdones si vieres que en este prólogo salgo algún tanto de mi acostumbrada modestia. Los días pasados me hallé en una conversación de amigos, donde se trató de comedias y de las cosas a ellas concernientes, y de tal manera las subtilizaron y atildaron, que, a mi parecer, vinieron a quedar en punto de toda perfección.

Tratóse también de quién fue el primero que en España las sacó de mantillas, y las puso en toldo y vistió de gala y apariencia; yo, como el más viejo que allí estaba, dije que me acordaba de haber visto representar al gran Lope de Rueda, varón insigne en la representación y en el entendimiento. Fue natural de Sevilla y de oficio batihoja, que quiere decir de los que hacen panes de oro; fue admirable en la poesía pastoril, y en este modo, ni entonces ni después acá ninguno le ha llevado ventaja; y, aunque por ser muchacho yo entonces, no podía hacer juicio firme de la bondad de sus versos, por algunos que me quedaron en la memoria, vistos agora en la edad madura que tengo, hallo ser verdad lo que he dicho; y si no fuera por no salir del propósito de prólogo, pusiera aquí algunos que acreditaran esta verdad.

En el tiempo deste célebre español, todos los aparatos de un autor de comedias se encerraban en un costal, y se cifraban en cuatro pellicos blancos guarnecidos de guadamecí dorado, y en cuatro barbas y cabelleras y cuatro cayados, poco más o menos. Las comedias eran unos coloquios, como églogas, entre dos o tres pastores y alguna pastora; aderezábanlas y dilatábanlas con dos o tres entremeses, ya de negra, ya de rufián, ya de bobo y ya de vizcaíno: que todas estas cuatro figuras y otras muchas hacía el tal Lope con la mayor excelencia y propiedad que pudiera imaginarse. No había en aquel tiempo tramoyas, ni desafíos de moros y cristianos, a pie ni a caballo; no había figura que saliese o pareciese salir del centro de la tierra por lo hueco del teatro, al cual componían cuatro bancos en cuadro y cuatro o seis tablas encima, con que se levantaba del suelo cuatro palmos; ni menos bajaban del cielo nubes con ángeles o con almas. El adorno del teatro era una manta vieja, tirada con dos cordeles de una parte a otra, que hacía lo que llaman vestuario, detrás de la cual estaban los músicos, cantando sin guitarra algún romance antiguo. Murió Lope de Rueda, y por hombre excelente y famoso le enterraron en la iglesia mayor de Córdoba (donde murió), entre los dos coros, donde también está enterrado aquel famoso loco Luis López.

Sucedió a Lope de Rueda, Navarro, natural de Toledo, el cual fue famoso en hacer la figura de un rufián cobarde; éste levantó algún tanto más el adorno de las comedias y mudó el costal de vestidos en cofres y en baúles; sacó la música, que antes cantaba detrás de la manta, al teatro público; quitó las barbas de los farsantes, que hasta entonces ninguno representaba sin barba postiza, y hizo que todos representasen a cureña rasa, si no era los que habían de representar los viejos o otras figuras que pidiesen mudanza de rostro; inventó tramoyas, nubes, truenos y relámpagos, desafíos y batallas, pero esto no llegó al sublime punto en que está agora.

Y esto es verdad que no se me puede contradecir, y aquí entra el salir yo de los límites de mi llaneza: que se vieron en los teatros de Madrid representar *Los tratos de Argel*, que yo compuse; *La destruición de Numancia* y *La batalla naval*, donde me atreví a reducir las comedias a tres jornadas, de cinco que tenían; mostré, o, por mejor decir, fui el primero que representase las imaginaciones y los pensamientos escondidos del alma, sacando figuras morales al teatro, con general y gustoso aplauso de los oyentes; compuse en este tiempo hasta veinte comedias o treinta, que todas ellas se recitaron sin que se les ofreciese ofrenda de pepinos ni de otra cosa arrojadiza; corrieron su carrera sin silbos, gritas ni barahúndas. Tuve otras cosas en que ocuparme; dejé la pluma y las comedias, y entró luego el monstruo de naturaleza, el gran Lope de Vega, y alzóse con la monarquía cómica; avasalló y puso debajo de su juridición a todos los farsantes; llenó el mundo de comedias proprias, felices y bien razonadas, y tantas, que pasan de diez mil pliegos los que tiene escritos, y todas (que es una de las mayores cosas que puede decirse) las ha visto representar, o oído decir, por lo menos, que se han representado; y si algunos, que hay muchos, han querido entrar a la parte y gloria de sus trabajos, todos juntos no llegan en lo que han escrito a la mitad de lo que él sólo.

Pero no por esto, pues no lo concede Dios todo a todos, dejen de tenerse en precio los trabajos del doctor Ramón, que fueron los más después de los del gran Lope; estímense las trazas artificiosas en todo estremo del licenciado Miguel Sánchez, la gravedad del doctor Mira de Mescua, honra singular de nuestra nación; la discreción e inumerables conceptos del canónigo Tárraga; la suavidad y dulzura de don Guillén de Castro, la agudeza de Aguilar; el rumbo, el tropel, el boato, la grandeza de las comedias de Luis Vélez de Guevara, y las que agora están en jerga del agudo ingenio de don Antonio de Galarza, y las que prometen *Las fullerías de amor*, de Gaspar de Ávila, que todos éstos y otros algunos han ayudado a llevar esta gran máquina al gran Lope.

Algunos años ha que volví yo a mi antigua ociosidad, y, pensando que aún duraban los siglos donde corrían mis alabanzas, volví a componer algunas comedias, pero no hallé pájaros en los nidos de antaño; quiero decir que no hallé autor que me las pidiese, puesto que sabían que las tenía; y así, las arrinconé en un cofre y las consagré y condené al perpetuo silencio. En esta sazón me dijo un librero que él me las comprara si un autor de título no le hubiera dicho que de mi prosa se podía esperar mucho, pero que del verso, nada; y, si va a decir la verdad, cierto que me dio pesadumbre el oírlo, y dije entre mí: «O yo me he mudado en otro, o los tiempos se han mejorado mucho; sucediendo siempre al revés, pues siempre se alaban los pasados tiempos». Torné a pasar los ojos por mis comedias, y por algunos entremeses míos que con ellas estaban arrinconados, y vi no ser tan malas ni tan malos que no mereciesen salir de las tinieblas del ingenio de aquel autor a la luz de otros autores menos escrupulosos y más entendidos. Aburríme y vendíselas al tal librero, que las ha puesto en la estampa como aquí te las ofrece. Él me las pagó razonablemente; yo cogí mi dinero con suavidad, sin tener cuenta con dimes ni diretes de recitantes. Querría que fuesen las mejores del mundo, o, a lo menos, razonables; tú lo verás, lector mío, y si hallares que tienen alguna cosa buena, en topando a aquel mi maldiciente autor, dile que se emiende, pues yo no ofendo a nadie, y que advierta que no tienen necedades patentes y descubiertas, y que el verso es el mismo que piden las comedias, que ha de ser, de los tres estilos, el ínfimo, y que el lenguaje de los entremeses es proprio de las figuras que en ellos se introducen; y que, para enmienda de todo esto, le ofrezco una comedia que estoy componiendo, y la intitulo *El engaño a los ojos*, que, si no me engaño, le ha de dar contento. Y con esto, Dios te dé salud y a mí paciencia.

Dedicatoria

Al conde de Lemos

Ahora se agoste o no el jardín de mi corto ingenio, que los frutos que él ofreciere, en cualquiera sazón que sea, han de ser de V. E., a quien ofrezco el destas *Comedias y entremeses*, no tan desabridos, a mi parecer, que no puedan dar algún gusto; y si alguna cosa llevan razonable, es que no van manoseados ni han salido al teatro, merced a los farsantes, que, de puro discretos, no se ocupan sino en obras grandes y de graves autores, puesto que tal vez se engañan. Don Quijote de la Mancha queda calzadas las espuelas en su *Segunda parte* para ir a besar los pies a V. E. Creo que llegará quejoso, porque en Tarragona le han asendereado y malparado, aunque, por sí o por no, lleva información hecha de que no es él el contenido en aquella historia, sino otro supuesto, que quiso ser él y no acertó a serlo. Luego irá el gran *Persiles*, y luego *Las semanas del jardín*, y luego la segunda parte de *La Galatea*, si tanta carga pueden llevar mis ancianos hombros; y luego y siempre irán las muestras del deseo que tengo de servir a V. E. como a mi verdadero señor y firme y verdadero amparo, cuya persona, &c.

Criado de V. Excelencia:

Miguel de Cervantes Saavedra

Comedia famosa del Gallardo español

JORNADA PRIMERA

Hablan en esta primera jornada las personas siguientes:

ARLAXA, *mora.*
ALIMUZEL, *moro.*
DON ALONSO DE CÓRDOBA, *conde de Alcaudete, general de Orán.*
DON FERNANDO DE SAAVEDRA.
GUZMÁN, *capitán.*
FRATÍN, *ingeniero.*
UN SOLDADO.
CEBRIÁN, *moro, criado de* ALIMUZEL.
NACOR, *moro.*
DON MARTÍN DE CÓRDOBA.
UNO, *con una petición.*
BUITRAGO, *soldado.*
UN PAJECILLO.
OROPESA, *cautivo.*
ROBLEDO, *alférez.*

Salen ARLAXA, *mora, y* ALIMUZEL, *moro.*

ARLAXA Es el caso, Alimuzel,
que, a no traerme el cristiano,
te será el Amor tirano,
y yo te seré crüel.
Quiérole preso y rendido,
aunque sano y sin cautela.
ALIMUZEL ¿Posible es que te desvela
deseo tan mal nacido?
Conténtate que le mate,

si no pudiere rendille;
que detener al herille
el brazo, será dislate.
   Partiréme a Orán al punto,
y desafiaré al cristiano,
y haré por traerle sano,
pues no le quieres difunto.
   Pero, si acaso el rigor
de la cólera me incita
y su muerte solicita,
¿tengo de perder tu amor?
   ¿Está tan puesto en razón
Marte, desnuda la espada,
que la tenga nivelada
al peso de tu afición?

ARLAXA   Alimuzel, yo confieso
que tienes razón en parte;
que, en las hazañas de Marte,
hay muy pocas sin exceso,
   el cual se suele templar
con la cordura y valor.
Yo he puesto precio en mi amor:
mira si le puedes dar.
   Quiero ver la bizarría
deste que con miedo nombro,
deste espanto, deste asombro
de toda la Berbería;
   deste Fernando valiente,
ensalzador de su crisma
y coco de la morisma,
que nombrar su nombre siente;
   deste Atlante de su España,
su nuevo Cid, su Bernardo,
su don Manuel el gallardo
por una y otra hazaña.

Quiero de cerca miralle,
pero rendido a mis pies.

ALIMUZEL — Haz cuenta que ya lo ves,
puesto que dé en ayudalle
todo el cielo.

ARLAXA — Pues ¿qué esperas?

ALIMUZEL — Espero a ver si te burlas;
aunque para mí tus burlas
siempre han sido puras veras.
Comedido, como amante,
soy, y sólo sé decirte
que el deseo de servirte
me hace ser arrogante.
Puedes de mí prometerte
imposibles sobrehumanos,
mil prisioneros cristianos
que vengan a obedecerte.

ARLAXA — Tráeme solamente al fuerte
don Fernando Saavedra,
que con él veré que medra
y se mejora mi suerte;
y aun la tuya, pues te doy
palabra que he de ser tuya,
como el hecho se concluya
a mi gusto.

ALIMUZEL — Quizá hoy
oirán los muros de Orán
mi voz en el desafío,
y aun de los cielos confío,
que luz y vida nos dan,
que han de acudir a mi intento
con suceso venturoso.

ARLAXA — Parte, Alimuzel famoso.

ALIMUZEL — Fuerzas de tu mandamiento
me llevan tan alentado,

que acabaré con valor
el imposible mayor
que se hubiere imaginado.

ARLAXA — Ve en paz, que de aquesta guerra
la vitoria te adivino.

(Éntrase ARLAXA.*)*

ALIMUZEL — ¡Queda en paz, rostro divino,
ángel que mora en la tierra,
bizarra sobre los hombres
que a guerra a Marte provocan,
a quien de excelencias tocan
mil títulos y renombres;
en estremo poderosa
de dar tormento y placer,
yelo que nos hace arder
en viva llama amorosa!
Queda en paz, que, sin tu sol,
ya camino en noche escura;
resucite mi ventura
la muerte deste español.
Mas, ¡ay, que no he de matalle,
sino prendelle y no más!
¿Quién tal deseo jamás
vio, ni pudo imaginalle?

(Éntrase ALIMUZEL.*)*

(Salen DON ALONSO DE CÓRDOBA, *conde de Alcaudete, general de Orán;* DON FERNANDO DE SAAVEDRA; GUZMÁN, *capitán;* FRATÍN, *ingeniero.)*

FRATÍN — Hase de alzar, señor, esta cortina
a peso de aquel cubo, que responde
a éste que descubre la marina.
De la silla esta parte no se esconde;
mas, ¿qué aprovecha, si no está en defensa,

ni Almarza a nuestro intento corresponde?

DON ALONSO

El cerco es cierto, y más cierta la ofensa,
si ya no son cortinas y muralla
de vuestros brazos la virtud inmensa.
Donde el deseo de la fama se halla,
las defensas se estiman en un cero,
y a campo abierto salta a la batalla.
Venga, pues, la morisma, que yo espero
en Dios y en vuestras manos vencedoras
que volverá el león manso cordero.
Los Argos, centinelas veladoras,
miren al mar y miren a la tierra
en las del día y las nocturnas horas.
No hay disculpa al descuido que en la guerra
se hace, por pequeño que parezca,
que pierde mucho quien en poco yerra;
y si aviniere que el cabello ofrezca
la ligera ocasión, ha de tomarse,
antes que a espaldas vueltas desparezca:
que, en la guerra, el perderse o el ganarse
suele estar en un punto, que, si pasa,
vendrá el de estar quejoso y no vengarse.
En su pajiza, pobre y débil casa
se defiende el pastor del sol ardiente
que el campo agosta y la montaña abrasa.
Quiero inferir que puede ser valiente
detrás de un muro un corazón medroso,
cuando a sus lados que le animan siente.

(Entra un SOLDADO.*)*

SOLDADO

Señor, con ademán bravo y airoso,
picando un alazán, un moro viene
y a la ciudad se acerca presuroso.
Bien es verdad que a veces se detiene
y mira a todas partes, recatado,

como quien miedo y osadía tiene.
Adarga blanca trae, y alfanje al lado,
lanza con bandereta de seguro,
y el bonete con plumas adornado.
Puedes, si gustas, verle desde el muro.

DON ALONSO — Bien de aquí se descubre; ya le veo.
Si es embajada, yo le doy seguro.

DON FERNANDO — Antes es desafío, a lo que creo.

(Entra ALIMUZEL, *a caballo, con lanza y adarga.)*

ALIMUZEL — Escuchadme, los de Orán,
caballeros y soldados,
que firmáis con nuestra sangre
vuestros hechos señalados.
Alimuzel soy, un moro
de aquellos que son llamados
galanes de Meliona,
tan valientes como hidalgos.
No me trae aquí Mahoma
a averiguar en el campo
si su secta es buena o mala,
que Él tiene deso cuidado.
Tráeme otro dios más brioso,
que es tan soberbio y tan manso,
que ya parece cordero,
y ya león irritado.
Y este dios, que así me impele,
es de una mora vasallo,
que es reina de la hermosura,
de quien soy humilde esclavo.
No quiero decir que hiendo,
que destrozo, parto o rajo;
que animoso, y no arrogante,
es el buen enamorado.
Amo, en fin, y he dicho mucho

en sólo decir que amo,
para daros a entender
que puedo estimarme en algo.
Pero, sea yo quien fuere,
basta que me muestro armado
ante estos soberbios muros,
de tantos buenos guardados;
que si no es señal de loco,
será indicio de que he dado
palabra que he de cumplilla
o quedar muerto en el campo.
Y así, a ti te desafío,
don Fernando el fuerte, el bravo,
tan infamia de los moros
cuanto prez de los cristianos.
Bien se verá en lo que he dicho
que, aunque haya otros Fernandos,
es aquel de Saavedra
a quien a batalla llamo.
Tu fama, que no se encierra
en límites, ha llegado
a los oídos de Arlaxa,
de la belleza milagro.
Quiere verte; mas no muerto,
sino preso, y hame dado
el asumpto de prenderte:
mira si es pequeño el cargo.
Yo prometí de hacello,
porque el que está enamorado,
los más arduos imposibles
facilita y hace llano.
Y, para darte ocasión
de que salgas mano a mano
a verte conmigo agora,
destas cosas te hago cargo:

que peleas desde lejos,
que el arcabuz es tu amparo,
que en comunidad aguijas
y a solas te vas de espacio;
que eres Ulises nocturno,
no Telamón al sol claro;
que nunca mides tu espada
con otra, a fuer de hidalgo.
Si no sales, verdad digo;
si sales, quedará llano,
ya vencido o vencedor,
que tu fama no habla en vano.
Aquí, junto a Canastel,
solo te estaré esperando
hasta que mañana el sol
llegue al Poniente su carro.
Del que fuere vencedor
ha de ser el otro esclavo:
premio rico y premio honesto.
Ven, que espero, don Fernando.

(Vase.)

DON ALONSO — Don Fernando, ¿qué os parece?
DON FERNANDO — Que es el moro comedido
y valiente, y que merece
ser de Amor favorecido
en el trance que se ofrece.
DON ALONSO — Luego, ¿pensáis de salir?
DON FERNANDO — Bien se puede esto inferir
de su demanda y mi celo,
pues ya se sabe que suelo
a lo que es honra acudir.
Déme vuestra señoría
licencia, que es bien que salga
antes que se pase el día.

DON ALONSO — No es posible que ahora os valga
vuestra noble valentía.
No quiero que allá salgáis,
porque hallaréis, si miráis
a la soldadesca ley,
que obligado a vuestro rey
mucho más que a vos estáis.
En la guerra, usanza es vieja,
y aun ley casi principal
a toda razón aneja,
que por causa general
la particular se deja.
Porque no es suyo el soldado
que está en presidio encerrado
sino de aquél que le encierra,
y no ha de hacer otra guerra
sino a la que se ha obligado.
En ningún modo sois vuestro,
sino del rey, y en su nombre
sois mío, según lo muestro;
y yo no aventuro un hombre
que es de la guerra maestro
por la simple niñería
de una amorosa porfía;
don Fernando, esto es verdad.

DON FERNANDO — ¡De estraña reguridad
usa vuestra señoría
conmigo! ¿Qué dirá el moro?

DON ALONSO — Diga lo que él más quisiere;
que yo guardo aquí el decoro
que la guerra pide y quiere;
y della ninguno ignoro.

DON FERNANDO — Respóndasele, a lo menos,
y sepa que por tus buenos
respetos allá no salgo.

GUZMÁN — No os tendrá por esto el galgo,
señor don Fernando, en menos.

DON ALONSO — Lleve el capitán Guzmán
la respuesta.

GUZMÁN — Sí haré,
y, ¡voto a tal!, si me dan
licencia, que yo le dé
al morico ganapán
tal rato, que quede frío
de amor con el desafío.

DON ALONSO — Respondedle cortésmente
con el término prudente
que de vuestro ingenio fío.

(Vanse DON ALONSO *y* FRATÍN.*)*

GUZMÁN — ¿Queréis que, en vez de respuesta,
os le dé una mano tal,
que se concluya la fiesta?

DON FERNANDO — Que me estará a mí muy mal
eso, es cosa manifiesta.
Sólo a mí me desafía,
y gran mengua me sería
que otro por mí pelease.
Mas si el moro me esperase
allí siquiera otro día,
yo le saldré a responder,
a pesar de todo el mundo
que lo quiera defender.

GUZMÁN — ¿En qué os fundáis?

DON FERNANDO — Yo me fundo
en esto que pienso hacer:
el lunes soy yo de ronda,
y, cuando la noche esconda
la luz con su manto escuro,
arrojaréme del muro
a la cava.

GUZMÁN — Está muy honda
y podríais peligrar.

DON FERNANDO — Póneme en los pies el brío
mil alas para volar.
Todo aquesto de vos fío.

GUZMÁN — Ya sabéis que sé callar.
Dejadme salir primero,
porque de mi industria espero
que saldréis bien deste hecho.

DON FERNANDO — Sois amigo de provecho.

GUZMÁN — Sí, porque soy verdadero.

(Vanse, y salen ALIMUZEL *y* CEBRIÁN, *su criado, que en arábigo quiere decir «lacayo o mozo de caballos».)*

ALIMUZEL — Átale allí, Cebrián,
al tronco de aquella palma;
repose el fuerte alazán
mientras reposa mi alma
los cuidados que le dan.
Aquí a solas daré al llanto
las riendas, o al pensar santo
en las memorias de Arlaxa,
en tanto que al campo baja
aquél que se estima en tanto.

(Baja la cabeza CEBRIÁN *y vase.)*

¡Venturoso tú, cristiano,
que puedes a tus despojos
añadir el más que humano,
que es querer verte los ojos
del cielo que adoro en vano!
Y más que pena recibo
desto que en el alma escribo
con celoso desconcierto:
que a mí me quieren ver muerto

y a ti te quieren ver vivo.
Pero yo no haré locura
semejante; que, si venzo,
o por fuerza o por ventura,
daré a mis glorias comienzo,
dándote aquí sepultura.
Mas, si te hago morir,
¿cómo podré yo cumplir
lo que Arlaxa me ha mandado?
¡Oh triste y dudoso estado,
insufrible de sufrir!
Parleras aves, que al viento
esparcís quejas de amor,
¿qué haré en el mal que siento?
¿Daré la rienda al rigor,
o al cortés comedimiento?
Mas démosla al sueño agora;
perdonadme, hermosa mora,
si aplico sin tu licencia
este alivio a la dolencia
que en mi alma triste mora.

(Échase a dormir, y sale al instante NACOR, *moro, con un turbante verde.)*

NACOR Mahoma, ya que el Amor
en mis dichas no consiente,
muéstrame tú tu favor:
mira que soy tu pariente,
el infelice Nacor.
Jarife soy de tu casta,
y no me respeta el asta
de Amor que blande en mi pecho,
un blanco a sus tiros hecho,
do todas sus flechas gasta.
Y más, y no sé qué es esto,

que, con ser enamorado,
soy de tan bajo supuesto,
que no hay conejo acosado
más cobarde ni más presto.

Desto será buen testigo
el ver aquí mi enemigo
dormido, y no osar tocalle,
deseando de matalle
por venganza y por castigo.

Que esté celoso y con miedo,
por Alá, que es cosa nueva.
¿Llegaré, o estarme he quedo?
¿Cortaré en segura prueba
este gordïano enredo?

Que si éste quito delante,
podrá ser que vuelva amante
el pecho de Arlaxa ingrato.
Muérome porque no mato;
oso y tiemblo en un instante.

(Entra el capitán GUZMÁN, *con espada y rodela.)*

GUZMÁN ¿Eres tú el desafiador
de don Fernando, por dicha?

NACOR No tengo yo ese valor;
que el corazón con desdicha
es morada del temor.
Aquél es que está allí echado;
moro tan afortunado,
que Arlaxa le manda y mira.

GUZMÁN Paréceme que suspira.

NACOR Sí hará, que está enamorado.

GUZMÁN ¡Alimuzel!

ALIMUZEL ¿Quién me llama?

GUZMÁN Mal acudirás, durmiendo,
al servicio de tu dama.

Alimuzel	En el sueño va adquiriendo fuerzas la amorosa llama, porque en él se representan visiones que me atormentan, obligaciones que guarde, miedos que me hacen cobarde y celos que más me alientan. Mirándote estoy, y veo cuán propio es de la mujer tener estraño deseo. Cosas hay en ti que ver, no que admirar.
Guzmán	Yo lo creo; pero, ¿por qué dices eso?
Alimuzel	Don Fernando, yo confieso que tu buen talle y buen brío llega y se aventaja al mío, pero no en muy grande exceso; y si no es por el gran nombre que entre la morisma tienes de ser en las armas hombre, ninguna cosa contienes que enamores ni que asombre; y yo no sé por qué Arlaxa tanto se angustia y trabaja por verte, y vivo, que es más.
Guzmán	Engañado, moro, estás: tu vano discurso ataja, que yo no soy don Fernando.
Alimuzel	Pues, ¿quién eres?
Guzmán	Un su amigo y embajador.
Alimuzel	Dime cuándo espera verse conmigo, porque le estoy aguardando.

GUZMÁN Has de saber, moro diestro,
que el sabio general nuestro
que salga no le consiente.

ALIMUZEL Pues, ¿por qué?

GUZMÁN Porque es prudente
y en la guerra gran maestro.

Teme el cerco que se espera,
y no quiere aventurar
en empresa tan ligera
una espada que en cortar
es entre muchas primera.

Pero dice don Fernando
que le estés aquí aguardando
hasta el lunes, que él te jura
salir en la noche escura,
aunque rompa cualquier bando.

Si aquesto no te contenta,
y quieres probar la suerte
con menos daño y afrenta,
tu brazo gallardo y fuerte
con éste, que es flaco, tienta,

y a tu mora llevarás,
si me vences, quizá más
que en llevar a don Fernando.

ALIMUZEL No estoy en eso pensando;
muy descaminado vas.

No eres tú por quien me envía
Arlaxa, y, aunque te prenda,
no saldré con mi porfía.
Haz que don Fernando entienda
que le aguardaré ese día

que pide, y si le venciere,
y entonces tu gusto fuere
probarme en el marcial juego,
mi voluntad hará luego

lo que la tuya quisiere;
que ya sabes que no es dado
dejar la empresa primera
por la segunda al soldado.

GUZMÁN Es verdad.

ALIMUZEL Desa manera
bien quedaré desculpado.

GUZMÁN Dices muy bien.

ALIMUZEL Sí, bien digo.
Vuélvete, y dile a tu amigo
que le espero y que no tarde.

GUZMÁN Tu Mahoma, Alí, te guarde.

ALIMUZEL Tu Cristo vaya contigo.

(Vase GUZMÁN.*)*

Nacor, ¿qué es esto? ¿A qué vienes?

NACOR A ver cómo en esta empresa
tan peligrosa te avienes;
y por Alá que me pesa
de ver que en punto la tienes,
que el de tu muerte está a punto.

ALIMUZEL ¿En qué modo?

NACOR En que barrunto
que, si de noche peleas,
sobre ti no es mucho veas
todo un ejército junto.
Esto de no estar en mano
de don Fernando el salir,
tenlo por ligero y vano;
que se suele prevenir
con astucias el cristiano.
De noche quieren cogerte,
porque al matarte o prenderte,
aun el sol no sea testigo.
No creas a tu enemigo;

Alí, procura volverte,
que bien disculpado irás
con Arlaxa, pues has hecho
lo que es posible, y aun más.

ALIMUZEL
Consejos de sabio pecho
son, Nacor, los que me das;
pero no puedo admitillos,
ni menos con gusto oíllos;
que tiene el Amor echados
a mis oídos, candados;
a los pies y alma, grillos.

NACOR
Para mejor ocasión
te guarda, porque es cordura
prevenir a la intención
del que a su salvo procura
su gloria y tu perdición.
Ven, que a Arlaxa daré cuenta
de modo que diga y sienta
que eres vencedor osado,
pues si no sale el llamado,
en sí se queda la afrenta.
Cuanto más, que cuando venga
el cerco desta ciudad,
que ya no hay quien le detenga,
podrás, a tu voluntad,
hacer lo que más convenga;
que entonces saldrá el cristiano,
si es arrogante y lozano,
al campo abierto, sin duda.

ALIMUZEL
Bien es, Nacor, que yo acuda
a tu consejo, que es sano.
Ven y vamos, pues podré,
en este cerco que dices,
cumplir lo que aquí falté;

mas mira que me autorices
con Arlaxa.

NACOR Sí haré.

[Aparte.]

Sentirá Arlaxa la mengua
que tanto al cristiano amengua,
haciéndole della alarde;
vos quedaréis por cobarde,
o mal me andará la lengua.

(Vanse.)

(Salen DON ALONSO DE CÓRDOBA, *general de Orán, conde de Alcaudete, y su hermano,* DON MARTÍN DE CÓRDOBA, *y* DON FERNANDO DE SAAVEDRA.*)*

CONDE Señor don Martín, conviene
que vuesa merced acuda
a Mazalquivir, que tiene
necesidad de la ayuda
que vuestro esfuerzo contiene;
que allí acudirá primero
el enemigo ligero.
Mas, que venzáis no lo dudo;
que el cobarde está desnudo,
aunque se vista de acero.
En su muchedumbre estriba
aquesta mora canalla,
que así se nos muestra esquiva;
mas, cuando defensa halla,
se humilla, prostra y derriba.
Sus gustos, sus algazaras,
si bien en ello reparas,
son el canto del medroso;
calla el león animoso
entre las balas y jaras.

DON MARTÍN
Por mi caudillo y mi hermano
te obedezco, y haré cuanto
fuere, señor, en mi mano;
que ni de gritos me espanto,
ni de tumulto pagano.
Dame, señor, municiones,
que en el trance que me pones
pienso, si no faltan ellas,
poner sobre las estrellas
los españoles blasones.

(Entra UNO *con una petición.)*

UNO
Señor, dame licencia que te lea
aquesta petición.

CONDE
Lee en buen hora.
Doña Isabel de Avellaneda, en nombre
de todas las mujeres desta tierra,
dice que llegó ayer a su noticia
que, por temor del cerco que se espera,
quieres que quede la ciudad vacía
de gente inútil, enviando a España
las mujeres, los viejos y los niños:
resolución prudente, aunque medrosa.
Y apelan desto a ti, de ti, diciendo
que ellas se ofrecen de acudir al muro,
ya con tierra o fajina, o ya con lienzos
bañados en vinagre, con que limpien
el sudor de los fieros combatientes
que asistan al rigor de los asaltos;
que tomarán la sangre a los heridos;
que las más pequeñuelas harán hilas,
dando la mano al lienzo y voz al cielo;
con tiernas virginales rogativas,
pidiendo a Dios misericordia, en tanto
que los robustos brazos de sus padres
defiendan sus murallas y sus vidas;

que los niños darán de buena gana
para enviar a España con los viejos,
pues no pueden servir de cosa alguna;
mas ellas, que por útiles se tienen,
no irán de ningún modo, porque piensan,
por Dios, y por su ley y por su patria,
morir sirviendo a Dios, y en la muerte,
cuando el hado les fuere inexorable,
dar el último vale a sus maridos,
o ya cerrar los ojos a sus padres
con tristes y cristianos sentimientos.
En fin, serán, señor, de más provecho
que daño, por lo cual te ruegan todas
que revoques, señor, lo que ordenaste,
en cuanto toca a las mujeres sólo,
que en ello harás a Dios servicio grande,
merced a ellas y favor inmenso.
Esto la petición, señor, contiene.

CONDE — Nunca tal me pasó por pensamiento;
nunca tanto el temor se ha apoderado
de mí, que hiciese prevención tan triste.
Por respuesta llevad que yo agradezco
y admito su gallardo ofrecimiento,
y que de su valor tendrá la fama
cuidado de escribirle y de grabarle
en láminas de bronce, porque viva
siglos eternos. Y esto les respondo,
y andad con Dios.
Por cierto que han mostrado
de espartanas valor, de argivas brío.

(Entra el capitán GUZMÁN.*)*

CONDE — Pues, capitán Guzmán, ¿qué dice el moro?

GUZMÁN — Ya se fue malcontento.

DON FERNANDO — *[Aparte.]*
¿Es ido cierto?

GUZMÁN [*Aparte.*]
Aguardándote está, porque es valiente
y discreto además en lo que muestra.

DON FERNANDO [*Aparte.*]
Saldré, sin duda.

GUZMÁN [*Aparte.*]
No sé si lo aciertas,
que está muy cerca el cerco.

DON FERNANDO [*Aparte.*]
Si le venzo,
presto me volveré; si soy vencido,
poca falta haré, pues poco valgo.

CONDE ¡Bravo parece el moro!

GUZMÁN Bravo, cierto,
y muy enamorado y comedido.

(Entra a esta sazón BUITRAGO, *un soldado, con la espada sin vaina, oleada con un orillo, tiros de soga; finalmente, muy malparado. Trae una tablilla con demanda de las ánimas de purgatorio, y pide para ellas. Y esto de pedir para las ánimas es cuento verdadero, que yo lo vi, y la razón porque pedía se dice adelante.)*

BUITRAGO Denme para las ánimas, señores,
pues saben que me importa.

CONDE ¡Oh buen Buitrago!
¿Cuánto ha caído hoy?

BUITRAGO Hasta tres cuartos.

DON MARTÍN ¿Dellos, qué habéis comprado?

BUITRAGO Casi nada:
una asadura sola y cien sardinas.

DON MARTÍN Harto habrá para hoy.

BUITRAGO ¡Por Santo Nuflo,
que apenas hay para que masque un diente!

DON MARTÍN Comeréis hoy conmigo.

BUITRAGO Dese modo,
habrá para almorzar en lo comprado.

DON MARTÍN ¿Y la ración?

BUITRAGO ¿Qué? ¿La ración? Ya asiste
a un lado del estómago, y no ocupa
cuanto una casa de ajedrez pequeña.

DON FERNANDO ¡Gran comedor!

GUZMÁN Tan grande, que le ha dado
el conde esta demanda porque pueda
sustentarse con ella.

BUITRAGO ¿Qué aprovecha?
Que, como saben todos que no hay ánima
a quien haga decir sólo un responso,
si me dan medio cuarto, es por milagro;
y así, pienso pedir para mi cuerpo,
y no para las ánimas.

DON MARTÍN Sería
gran discreción.

BUITRAGO ¡Oh, pese a mi linaje!,
¿No sabe todo el mundo que, si como
por seis, que suelo pelear por siete?
¡Cuerpo de Dios conmigo! Denme ripio
suficiente a la boca, y denme moros
a las manos a pares y a millares:
verán quién es Buitrago y si merece
comer por diez, pues que pelea por veinte.

CONDE Tiene razón Buitrago; mas agora,
si llega el cerco, mostrará sus bríos,
y haré yo que le den siete raciones
con tal que cese la demanda.

BUITRAGO Cese,
que entonces no habrá lengua, y habrá manos;
no hay pedir, sino dar; no hay sacar almas,
del purgatorio entonces, sino espiches,
para meter en el infierno muchas
de la mora canalla que se espera.

(Un PAJECILLO *diga:)*

PAJECILLO ¡Daca el alma, Buitrago, daca el alma!
BUITRAGO ¡Hijo de puta, y puto; y miente, y calle!
¿No sabe el cornudillo, sea quien fuere,
que, aunque tenga cien cuerpos y cien almas
para dar por mi rey, no daré una
si me la piden dese modo infame?
DON MARTÍN Otra vez, Cereceda.
PAJECILLO ¡Daca el alma!
BUITRAGO ¡Por vida de...!
CONDE Buitrago, con paciencia:
no la deis vos, por más que os la demanden.
BUITRAGO ¡Que tenga atrevimiento un pajecillo
de pedirme a mí el alma! ¡Voto a Cristo,
que, a no estar aquí el conde, don hediondo,
que os sacara la vuestra a puntillazos,
aunque me lo impidiera el mismo diablo
por prenda suya!
CONDE No haya más, Buitrago;
guardad vuestra alma, y dadnos vuestras manos,
que serán menester, yo os lo prometo.
BUITRAGO Denme para las ánimas agora,
que todo se andará.
DON MARTÍN Tomad.
BUITRAGO ¡Oh invicto
don Martín, generoso! Por mi diestra,
que he de ser tu soldado, si, por dicha,
vas a Mazalquivir, como se ha dicho.
DON MARTÍN Seréis mi camarada y compañero.
BUITRAGO ¡Vive Dios, que eres bravo caballero!

(Vanse, y sale ARLAXA *y* OROPESA, *su cautivo.)*

¡Mucho tarda Alimuzel!
Cristiano, no sé qué sea.

OROPESA Fuiste, señora, con él
otra segunda Medea,
famosa por ser crüel.
A una empresa le enviaste
que parece que mostraste
que te era en odio su vida.

ARLAXA Yo fui parte en su partida,
tú el todo, pues la causaste.
Las alabanzas estrañas
que aplicaste a aquel Fernando,
contándome sus hazañas,
se me fueron estampando
en medio de las entrañas;
y de allí nació un deseo
no lascivo, torpe o feo,
aunque vano por curioso,
de ver a un hombre famoso
más de los que siempre veo.
Más que discreta, curiosa,
ordené que Alimuzel
fuese a la empresa dudosa;
no por mostrarme con él
ingrata ni rigurosa.
Y muéstrame su tardanza
que me engañó la esperanza,
y que es premio merecido
del deseo mal nacido
tenelle quien no le alcanza.
Yo tengo un alma bizarra
y varonil, de tal suerte,
que gusto del que desgarra
y más allá de la muerte
tira atrevido la barra.
Huélgome de ver a un hombre
de tal valor y tal nombre,

que con los dientes tarace,
con las manos despedace
y con los ojos asombre.

OROPESA Pues si viene Alimuzel,
y a don Fernando trae preso,
no verás, señora, en él
ninguna cosa en exceso
de las que te he dicho dél.
Tendrásme por hablador,
y será más el valor
de Alimuzel conocido,
pues la fama del vencido
se pasa en el vencedor.
Pero si acaso da el cielo
a don Fernando vitoria,
cierto está tu desconsuelo,
pues su fama en tu memoria
alzará más alto el vuelo,
y de no poderle ver,
vendrá el deseo a crecer
de velle.

ARLAXA Tienes razón:
parienta es la confusión
del discurso de mujer.

(Entran ALIMUZEL *y* NACOR.*)*

ALIMUZEL Dadle la mano, señora,
o los pies a aqueste esclavo,
que con el alma os adora.

ARLAXA ¿Cómo en corazón tan bravo
tanta humildad, señor, mora?
Alzaos, no estéis dese modo.

ALIMUZEL A tu gusto me acomodo.

ARLAXA ¿Sois vencido, o vencedor?

ALIMUZEL Todo lo dirá Nacor,

que se halló presente a todo.
NACOR No quiso el desafiado
acudir al desafío,
aunque bien se ha disculpado.
ARLAXA ¿Ése es soldado de brío,
tan temido y alabado?
¿Cómo pudo dar disculpa
buena de tan fea culpa?
NACOR Su general le detuvo,
que él ninguna culpa tuvo,
aunque Alimuzel le culpa;
que él saliera al campo abierto,
a esperarle un día más,
según quedó en el concierto.
ALIMUZEL Nacor, endiablado estás;
no sé cómo no te he muerto.
NACOR Mal haces de amenazarme,
ni, soberbio, ocasión darme
para que contigo rife,
pues sabes que soy jarife,
y que pecas en tocarme.
ARLAXA Paso, mi señor valiente,
que entiendo deste contraste,
sin que ninguno le cuente,
que ni él salió, ni esperaste.
NACOR Es así.
ALIMUZEL ¡Un jarife miente!
¡Por Alá, que es gran maldad!
NACOR ¿No se muestra la verdad
en que te vienes sin él?
ALIMUZEL ¿Pude yo verme con él,
encerrado en la ciudad?
¿No sabes lo que pasó,
y la embajada que trajo
quien por él me respondió?

NACOR — Sé que a esperar se redujo
el trance, y más no sé yo.

ALIMUZEL — ¿Por consejo no me diste
que me volviese?

NACOR — Hiciste
mal; yo bien, porque pensaba
que a un cobarde aconsejaba.

ALIMUZEL — ¡El diablo se me reviste!
¡Incita a hacerte pedazos!

NACOR — Jarife soy; no me toques
con los dientes ni los brazos,
ni a que te dé me provoques
duros y fuertes abrazos;
que ya sabes que Mahoma
por suya la causa toma
del jarife, y le defiende,
y al soberbio que le ofende
a sus pies le humilla y doma.

(Entran dos moros y traen cautivo a DON FERNANDO, *en cuerpo y sin espada.)*

ALIMUZEL — ¿Qué es aquesto?

PRIMER MORO — A este cristiano
cautivó tu escuadra ayer
junto a Orán.

DON FERNANDO — ¡Miente el villano!
Yo me entregué, sin poner
pies a huir ni a espada mano.
Si no quisiera entregarme,
no pudieran cautivarme
tres escuadras, ni aun trecientas.

ALIMUZEL — Estás cautivo y revientas
de bravo.

DON FERNANDO — Puedo alabarme.

ARLAXA — ¿Quién eres?

DON FERNANDO	Soy un soldado que me he venido a entregar a vuestra prisión de grado, por no poder tolerar ser valiente y mal pagado.
ARLAXA	Luego, ¿quieres ser cautivo?
DON FERNANDO	De serlo gusto recibo; dadme patrón que me mande.
ARLAXA	¡Qué disparate tan grande!
DON FERNANDO	Yo de disparates vivo.
OROPESA	Este es don Fernando, cierto, el que yo tanto alabé, y ni viene preso o muerto, ni cómo viene no sé, ni atino su desconcierto. El callar será acertado, hasta hablalle en apartado, que me admira su venida.
ALIMUZEL	¿Seréis, Arlaxa, servida de que os sirva este soldado? Que si ayer fue el primer día que salió de Orán, dirá si hice lo que debía; que yo entiendo que sabrá mi valor o cobardía. Dime: ¿oíste un desafío que hizo un moro vacío de ventura y de fe lleno?
DON FERNANDO	Y fue tenido por bueno, bien criado y de gran brío. El retado no salió, que lo estorbó el general por cierta ley que halló; pero después, por su mal, que vino al campo sé yo,

pensando de hallar allí
al valeroso Alí,
porque salimos los dos:
él a combatir con vos,
yo para venir aquí,
que ya os conozco en el talle.

ALIMUZEL
Pues esto es verdad, señora,
bien será que Nacor calle.

OROPESA
¡Oh! Si llegase la hora
en que pudiese hablalle,
¡qué de cosas le diría!

NACOR
¿No se vee tu cobardía,
si el cristiano salió a verte,
y tú quisiste volverte
sin esperar más de un día?

ALIMUZEL
Si tú no hicieras alarde
de tu ingenio caviloso,
yo volviera nunca o tarde.

NACOR
Consejos de religioso
presto los toma el cobarde.

ALIMUZEL
Arlaxa, yo volveré,
y a tu presencia traeré,
o muerto o preso, al cristiano.

NACOR
Ya tu vuelta será en vano.

ARLAXA
No le quiero, déjale;
que, pues a la voz primera
no saltó de la muralla
y empuñó la espada fiera,
la fama que en él se halla
no debe ser verdadera;
y así, ya no quiero velle,
aunque, si puedes traelle
sin tu daño, darme has gusto.

DON FERNANDO
Es don Fernando robusto
y habrá que hacer en prendelle.

Conózcole como a mí,
y sé que es de condición
que sabrá volver por sí,
y aun buscará la ocasión
para responder a Alí.

ARLAXA ¿Es valiente?
DON FERNANDO Como yo.
ARLAXA ¿De buen rostro?
DON FERNANDO Aqueso no,
porque me parece mucho.
ALIMUZEL ¡Todo esto con rabia escucho!
ARLAXA ¿Tiene amor?
DON FERNANDO Ya le dejó.
ARLAXA ¿Luego túvole?
DON FERNANDO Sí creo.
ARLAXA ¿Será mudable?
DON FERNANDO No es fuerza
que sea eterno un deseo.
ARLAXA ¿Tiene brío?
DON FERNANDO Y tiene fuerza.
ARLAXA ¿Es galán?
DON FERNANDO De buen aseo.
ARLAXA ¿Raja y hiende?
DON FERNANDO Tronca y parte.
ARLAXA ¿Es diestro?
DON FERNANDO Como otro Marte.
ARLAXA ¿Atrevido?
DON FERNANDO Es un león.
ARLAXA Partes todas éstas son,
cristiano, para adorarle,
a ser moro.
ALIMUZEL Calla, Arlaxa,
pues tienes aquí delante
quien por tu gusto trabaja.
ARLAXA Gusto yo de un arrogante

que bravea, hiende y raja.
Vuelve, Alí, por el cristiano;
que te doy mi fe y mi mano,
si le traes, de ser tu esposa.

DON FERNANDO Tú le mandas una cosa
donde ha de sudar en vano.

NACOR ¡Soberbios sois los cristianos!

DON FERNANDO Eslo, al menos, quien se alaba.

ALIMUZEL Aquí hay quien con ufanos
bríos quitará la clava
a Hércules de las manos;
aquí hay quien, a pesar
de quien lo quiera estorbar,
Arlaxa, hará lo que mandas.

DON FERNANDO A veces se mandan mandas
que nunca se piensan dar,
y a las veces las promete
quien no las quiere cumplir
ni puede.

NACOR ¿Quién te mete
a ti en eso?

DON FERNANDO Sé decir
que en parte a mí me compete;
que es don Fernando mi amigo,
y soy cierto y buen testigo
del mucho valor que encierra.

ALIMUZEL Traen los casos de la guerra
diversos fines consigo.
El valiente y fanfarrón
tal vez se ha visto vencido
del flaco de corazón;
que Alá da ayuda al partido
que defiende la razón.

DON FERNANDO Pues, ¿qué razón lleva en éste
Alí?

OROPESA — Tú harás que te cueste
la vida tu lengua necia.

ALIMUZEL — Si al que ama el Amor precia,
su santo favor me preste;
que, sin razón y con él,
a don Fernando el valiente
vencerá el flaco Muzel.

ARLAXA — ¡Qué plática impertinente!

ALIMUZEL — ¡Qué corazón tan crüel!

ARLAXA — Quede el cristiano conmigo;
Alá vaya, Alí, contigo
y con Nacor.

NACOR — Él te guarde.

ARLAXA — Volvedme a ver esta tarde.

(Éntranse todos, sino DON FERNANDO *y* OROPESA.*)*

OROPESA — ¡Hola, soldado! ¿A quién digo?
¿Qué noramala, señor,
os ha traído a este puesto
tan contrario a vuestro honor?

DON FERNANDO — En buena te diré presto
de mi fortuna el rigor:
«No quiso el general mío
que saliese al desafío
que me hizo aqueste moro.
Yo, por guardar el decoro
que corresponde a mi brío,
me descolgué por el muro,
y, cuando pensé hallar
lo que aun agora procuro,
un escuadrón vino a dar
conmigo, estando seguro.
Era la noche cerrada,
y, como vi defraudada
mi esperanza tan del todo,

con el tiempo me acomodo.
Mentí; rendíles la espada;
díjeles que mi intención
era venir a ponerme
de grado en su sujeción,
y que quisiesen traerme
a reconocer patrón.
Dijéronme que este Alí
era su señor, y así,
vine sin fuerza y forzado.»
De todo cuenta te he dado;
no hay más que saber de mí.
Calla mi nombre, que veo
que aquesta mora hermosa
tiene de verme deseo.

OROPESA De tu fama valerosa
que está enamorada creo.
No te des a conocer,
que deseos de mujer
se mudan a cada paso.

DON FERNANDO Vuelve Muzel; habla paso.

OROPESA No sé qué pueda querer.

(Entra ALIMUZEL.*)*

ALIMUZEL Oropesa, escucha y calla,
y guárdame aquel secreto
que en tu discreción se halla,
que a tu bondad le prometo
con la mía de premialla.
Yo te daré libertad,
y a ti, si tu voluntad
fuere de volverte a Orán,
mis designios te darán
honrosa comodidad.
Sólo os pido, en cambio desto,

que me descubráis un modo
tan honroso y tan compuesto
que en las partes y en el todo
eche de hidalguía el resto,
el cual me vaya mostrando
en qué parte, cómo o cuándo,
ya en el campo o estacada,
pueda yo medir mi espada
con la del bravo Fernando.
Quizá está en su vencimiento,
como Arlaxa significa,
de mi bien el cumplimiento,
si ya mi esperanza rica
no la empobrece su intento;
que debe de ser doblado,
pues de lo que me ha mandado
todo se puede temer,
y no hay bien que venga a ser
seguro en el desdichado.

DON FERNANDO
Yo te daré a tu enemigo
a toda tu voluntad,
como estoy aquí contigo,
sin usar de deslealtad,
que nunca albergó conmigo.

ALIMUZEL
No es enemigo el cristiano;
contrario, sí; que el lozano
deseo de Arlaxa bella
presta para esta querella
la voz, el intento y mano.

DON FERNANDO
Presto te pondré con él,
y fía aquesto de mí,
comedido Alimuzel;
y aun pienso hacer por ti
lo que un amigo fiel,
porque la ley que divide
nuestra amistad no me impide

de mostrar hidalgo el pecho;
antes, con lo que es bien hecho
se acomoda, ajusta y mide.
Ve en paz, que yo pensaré
el tiempo que más convenga
para hacer lo que haré.

ALIMUZEL — Mahoma sobre ti venga,
y lo que puede te dé.

(Vase.)

DON FERNANDO — ¡Gentil carga!

OROPESA — Y gentil presa.

DON FERNANDO — ¿Pesa mucho?

OROPESA — Poco pesa,
que está en fuego convertida.

DON FERNANDO — Mira que importa la vida
tener secreto, Oropesa.

(Vanse, y salen riñendo el capitán GUZMÁN *con el alférez* ROBLEDO.*)*

GUZMÁN — Señor alférez Robledo,
póngase luego entredicho
a esa plática.

ROBLEDO — No puedo;
que, lo que sin miedo he dicho,
no lo desdigo por miedo.
O él se fue a renegar,
o hizo mal en dejar
su presidio en tiempos tales.

GUZMÁN — De los hombres principales
no se debe así hablar.
El renegar no es posible,
y si en ello os afirmáis,
mentís.

(Meten mano.)

ROBLEDO — ¡Oh trance terrible!

GUZMÁN Agora sí que os halláis
en más dudoso imposible
si queréis satisfaceros.

(Entra el CONDE DE ALCAUDETE
y DON MARTÍN DE CÓRDOBA, *acompañados.)*

CONDE ¡Paso! ¡Teneos, caballeros!
¿Por qué ha sido la pendencia?

GUZMÁN ¡Más agudo es de conciencia
este hidalgo que de aceros!
Ha afirmado que se es ido
a renegar don Fernando,
y, ¡vive Dios!, que ha mentido,
y mentirá cada y cuando
lo diga.

CONDE ¡Descomedido!
Llévenle luego a una torre.

GUZMÁN Ni me afrenta ni me corre
este agravio, porque nace
de la justicia que hace
al que su amigo socorre.

CONDE Vaya el alférez, también,
y mientras que el cerco pasa
hagan treguas.

ROBLEDO Hazme un bien:
que sea la torre mi casa.

DON MARTÍN Sí, porque juntos no estén.

(Llevan al alférez.)

UNO Señor, la guarda ha descubierto agora
un bajel por la banda de Poniente.

DON MARTÍN ¿Qué vela trae?

UNO Entiendo que latina.

CONDE Vamos a recebirle a la marina.

FIN DEL PRIMER ACTO

SEGUNDA JORNADA

Los que hablan en ella son:

ARLAXA.
DON FERNANDO.
OROPESA.
NACOR.
VOZMEDIANO, *anciano.*
DOÑA MARGARITA, *doncella, en hábito de hombre.*
BUITRAGO.
DON MARTÍN.
EL CONDE.
GUZMÁN, *el capitán.*
ALIMUZEL.
BAIRÁN, *renegado.*
UN MORO.

Salen ARLAXA, DON FERNANDO *y* OROPESA.

ARLAXA ¿Cómo te llamas, cristiano,
que tu nombre aún no he sabido?
DON FERNANDO Es mi nombre Juan Lozano;
nombre que es bien conocido
por el distrito africano.
ARLAXA Nunca le he oído decir.
DON FERNANDO Pues él suele competir
con el del bravo Fernando.
ARLAXA ¡Mucho te vas alabando!
DON FERNANDO Alábome sin mentir.
ARLAXA Pues, ¿qué hazañas has tú hecho?
DON FERNANDO He hecho las mismas que él,
con el mismo esfuerzo y pecho,
y ya me he visto con él

en más de un marcial estrecho.

ARLAXA ¿Es tu amigo?

DON FERNANDO Es otro yo.

ARLAXA ¿Por ventura, di, salió
a combatir con mi moro?

DON FERNANDO Siempre de bravo el decoro
en todo trance guardó.

ARLAXA Dese modo, Alí es cobarde.

DON FERNANDO Eso no; que pudo ser
salir don Fernando tarde,
cuando no pudiese hacer
Alí de su esfuerzo alarde.
Y imagino que este moro
jarife, no con decoro
de amigo, a Muzel da culpa.

ARLAXA De su esfuerzo y de su culpa
toda la verdad ignoro.

DON FERNANDO Haz cuenta que te trae preso
a Fernando tu Muzel;
¿qué piensas hacer por eso?

ARLAXA Estimaré mucho en él
de su esfuerzo el grande exceso.
Tendré en menos al cristiano,
cuyo nombre sobrehumano
me incita y mueve el deseo
de velle.

OROPESA Pues yo le veo
en sólo ver a Lozano.

ARLAXA ¿Que tanto se le parece?

OROPESA Yo no sé qué diferencia
entre los dos se me ofrece;
esta es su misma presencia,
y el brazo que le engrandece.

ARLAXA ¿Qué hazañas ha hecho ese hombre
para alcanzar tan gran nombre

como tiene?

OROPESA
Escucha una
de su esfuerzo y su fortuna,
que podrá ser que te asombre:
«Dio fondo en una caleta
de Argel una galeota,
casi de Orán cinco millas,
poblada de turcos toda.
Dieron las guardas aviso
al general, y, con tropa
de hasta trecientos soldados,
se fue a requerir la costa.
Estaba el bajel tan junto
de tierra, que se le antoja
dar sobre él: ved qué batalla
tan nueva y tan peligrosa.
Dispararon los soldados
con priesa una vez y otra;
tanto, que dejan los turcos
casi la cubierta sola.
No hay ganchos para acercar
a tierra la galeota,
pero el bravo don Fernando
ligero a la mar se arroja.
Ase recio de gúmena,
que ya el turco apriesa corta,
porque no le dan lugar
de que el áncora recoja.
Tiró hacia sí con tal fuerza,
que, cual si fuera una góndola,
hizo que el bajel besase
el arena con la popa.
Salió a tierra y della un salto
dio al bajel, cosa espantosa,
que piensa el turco que el cielo

cristianos llueve, y se asombra.
Reconocido su miedo,
don Fernando, con voz ronca
de la cólera y trabajo,
grita: "¡Vitoria, vitoria!"
La voz da al viento, y la mano
a la espada vitoriosa,
con que matando y hiriendo
corrió de la popa a proa.»
Él solo rindió el bajel;
mira, Arlaxa, si ésta es obra
para que la fama diga
los bienes que dél pregona.
Probado han bien sus aceros
los lindos de Melïona,
los elches de Tremecén
y los leventes de Bona.
Cien moros ha muerto en trances,
siete en estacada sola,
docientos sirven al remo,
ciento tiene en las mazmorras.
Es muy humilde en la paz,
y en la guerra no hay persona
que le iguale, ya cristiana,
o ya que sirva a Mahoma.

ARLAXA ¡Oh, qué famoso español!

OROPESA Hércules, Héctor, Roldán
se hicieron en su crisol.

ARLAXA Mejor no le ha visto Orán.

OROPESA Ni tal no le ha visto el sol.

(Entra NACOR.*)*

ARLAXA Aqueste Nacor me enfada;
no me dejéis sola.

OROPESA Honrada

te le muestra y comedida.

DON FERNANDO — Da a sus razones salida:
que espere, y no espere en nada.

NACOR — Hermosa Arlaxa, yo estoy
resuelto en traerte preso
al cristiano: y así, voy
a Orán luego.

ARLAXA — Buen suceso
y agüero espero y te doy,
porque irás en gracia mía,
y en verte tomó alegría
desusada el corazón.

NACOR — Tienes, Arlaxa, razón;
que yo la tendré algún día
de rogarte que me quieras.

ARLAXA — Déjate agora de burlas,
pues partes a tantas veras.

DON FERNANDO — Hará Nacor, si no burlas,
sus palabras verdaderas;
que amante favorecido
es un león atrevido,
y romperá, por su dama,
por la muerte y por la llama
del fuego más encendido.

OROPESA — Concluyeras tú esta empresa
harto mejor que no él.

DON FERNANDO — Calla y escucha, Oropesa.

NACOR — Ya en este caso, Muzel
por vencido se confiesa,
pues no hace diligencia
por traer a tu presencia
el que yo te traeré presto.

ARLAXA — Pártete, Nacor, con esto,
que gusto y te doy licencia.

NACOR — Dame las manos, señora,

por el favor con que animas
al alma que más te adora.

ARLAXA — En poco, Nacor, te estimas,
pues te humillas tanto agora.
Eres jarife; levanta,
que verte a mis pies me espanta.
¿Qué dirá desto Mahoma?

NACOR — Estos rendimientos toma
él por cosa buena y santa.
Queda en paz.

(Vase NACOR.*)*

ARLAXA — Vayas con ella,
que con el fin deste trance
le tendrá el de tu querella.

DON FERNANDO — ¡Echado ha el moro buen lance!

OROPESA — Ella es falsa cuanto es bella.

ARLAXA — Venid, que habemos de ir
los tres a ver combatir
a mis amantes valientes.

OROPESA — Si nos vieren ir las gentes,
tarde nos verán venir.

(Vanse y sale VOZMEDIANO, *anciano, y* DOÑA MARGARITA, *en hábito de hombre.)*

VOZMEDIANO — ¿Priesa por llegar a Orán,
y priesa por salir dél?
¡Muy bien nuestras cosas van!

MARGARITA — Préciase Amor de crüel,
y tras uno da otro afán.

VOZMEDIANO — Ya os he dicho, Margarita,
que su daño solicita
quien camina tras un ciego.

MARGARITA — Ayo y señor, yo no niego
que esa razón es bendita;

pero, ¿qué puedo hacer,
si he echado la capa al toro
y no la puedo coger?

VOZMEDIANO — Menos te la podrá un moro,
si bien lo miras, volver.

MARGARITA — ¿Que sea moro don Fernando?

VOZMEDIANO — Así lo van pregonando
los niños por la ciudad.

MARGARITA — ¡Que haya hecho tal maldad!
¡De cólera estoy rabiando!
No lo creo, Vozmediano.

VOZMEDIANO — Haces bien; pero yo veo
que ni moro ni cristiano
parece.

MARGARITA — Verle deseo.

VOZMEDIANO — Siempre tu deseo es vano.

MARGARITA — Quiérelo así mi ventura,
pero no será tan dura
que no dé fin a mis penas
con darme en estas arenas
berberisca sepultura.

VOZMEDIANO — No dirás, señora, al menos,
que no te he dado consejos
de bondad y de honor llenos.

MARGARITA — Los prudentes y los viejos
siempre dan consejos buenos:
pero no vee su bondad
la loca y temprana edad,
que en sí misma se embaraza,
ni cosa prudente traza
fuera de su voluntad.

(Entra BUITRAGO *con la demanda.)*

BUITRAGO — Vuestras mercedes me den
para las ánimas luego,

que les estará muy bien.

MARGARITA — Si ellas arden en mi fuego.

VOZMEDIANO — Pasito, Anastasio, ten:
no digas alguna cosa
malsonante, aunque curiosa.

MARGARITA — Váyase, señor soldado,
que no tenemos trocado.

BUITRAGO — ¡La respuesta está donosa!
Denme, ¡pese a mis pecados!

[Aparte.]

(¡Siempre yo de aquesta guisa
medro con almidonados!)
Denme, que vengo deprisa,
y ellos están muy pausados.
¡Oh, qué novatos que están
de lo que se usa en Orán
en esto de las demandas!
Descoja sus manos blandas
y dé limosna, galán.
¿Qué me mira? Acabe ya:
eche mano, y no a la espada
que su tiempo se vendrá.

VOZMEDIANO — La limosna que es rogada
más fácilmente se da
que la que se pide a fuerza.

BUITRAGO — Úsase en aquesta fuerza
de Orán pedirse deste arte;
que son las almas de Marte,
y piden siempre con fuerza.
Nadie muere aquí en el lecho,
a almidones y almendradas,
a pistos y purgas hecho;
aquí se muere a estocadas
y a balazos roto el pecho.

Bajan las almas feroces,
tan furibundas y atroces,
que piden que acá se pida
para su pena afligida
a cuchilladas y a voces.

En fin: las almas de Orán,
que tienen comedimiento,
aunque en purgatorio están,
dicen que vuelva en sustento
la limosna que me dan.

A la parte voy con ellas,
remediando sus querellas
a fuerza de avemarías,
y mis hambrientas porfías
con lo que me dan para ellas.

VOZMEDIANO Hermano, yo no os entiendo,
y no hay limosna que os dar.

BUITRAGO ¡De gana me voy riendo!
¿Y adónde se vino a hallar
el parentesco tremendo?

¿Hace burla en ver el traje,
entre pícaro y salvaje?
Pues sepa que este sayal
tiene encubierto algún al
que puede honrar un linaje.

El conde es éste, ¡qué pieza!;
que, cuando me da, le dan
mil vaguidos de cabeza.
Pobretas almas de Orán,
que estáis en vuestra estrecheza,

rogad a Dios que me den,
porque si yo como bien,
rezaré más de un rosario,
y os haré un aniversario
por siempre jamás. Amén.

(Entra el CONDE, DON MARTÍN, *el capitán* GUZMÁN *y* NACOR.*)*

NACOR

Digo, señor, que entregaré sin duda
la presa que he contado fácilmente
en el silencio de la noche muda
con muy poquito número de gente;
y, porque al hecho la verdad acuda,
las manos a un cordel daré obediente;
dejaréme llevar, siendo yo guía
que os muestre el aduar antes del día.

Y sólo quiero desta rica presa,
por quien mi industria y mi traición trabaja,
un cuerpo que a mi alma tiene presa:
quiero a la bella sin igual Arlaxa.
Por ella tengo tan infame empresa
por ilustre, por grande, y no por baja:
que, por reinar y por amor no hay culpa
que no tenga perdón y halle disculpa.

No siento ni descubro otro camino,
para ser posesor de aquesta mora,
que hacer este amoroso desatino,
puesto que en él crueldad y traición mora.
Ámola por la fuerza del destino,
y, aunque mi alma su beldad adora,
quiérola cautivar para soltalla,
por si puedo moverla o obligalla.

CONDE

No estamos en sazón que nos permita
sacar de Orán un mínimo soldado;
que el cerco que se espera solicita
que ponga en otras cosas mi cuidado.

NACOR

La vitoria en la palma traigo escrita;
en breves horas te daré acabado,
sin peligro, el negocio que he propuesto;
si presto vamos, volveremos presto.

CONDE — Esta tarde os daré, Nacor, respuesta;
esperad hasta entonces.

NACOR — Soy contento.

(*Vase* NACOR.)

DON MARTÍN — Empresa rica y sin peligro es ésta,
si cierta fuese.

GUZMÁN — Yo por tal la cuento:
hace la lengua al alma manifiesta.
Declarado ha Nacor su pensamiento
con tal demonstración, con tal afecto,
que, si vamos, el saco me prometo.

DON MARTÍN — Cubre el traidor sus malas intenciones
con rostro grave y ademán sincero,
y adorna su traición con las razones
de que se precia un pecho verdadero.
De un Sinón aprendieron mil Sinones,
y así, el que es general, al blando o fiero
razonar del contrario no se rinde,
sin que primero la intención deslinde.

CONDE — Hermano, así se hará; no tengáis miedo
que yo me arroje o precipite en nada.
¿Hicistes ya las treguas con Robledo,
y queda ante escribano confirmada?

DON MARTÍN — Gran cólera tenéis, Guzmán.

GUZMÁN — No puedo
tenerla en la ocasión más enfrenada.

CONDE — Podréis darle la rienda entre enemigos,
y es prudencia cogerla con amigos.
Pues, Buitrago, ¿qué hacemos?

BUITRAGO — Aquí asisto,
procurando sacar de aqueste esparto
jugo de algún *plus ultra*, y no le he visto
siquiera de una tarja ni de un cuarto.
Así guardan la ley de Jesucristo

aquéstos como yo cuando estoy harto,
que no me acuerdo si hay cielo ni tierra;
sólo a mi vientre acudo y a la guerra.

MARGARITA — Pide limosna en modo este soldado,
que parece que grita o que reniega,
y yo estoy en España acostumbrado
a darla a quien por Dios la pide y ruega.

BUITRAGO — Quiérosela pedir arrodillado;
veré si la concede o si la niega.

VOZMEDIANO — Ni tanto, ni tan poco.

BUITRAGO — Soy cristiano.

MARGARITA — ¿Ya no le han dicho que no hay blanca, hermano?

BUITRAGO — ¿Hermano? ¡Lleve el diablo el parentesco
y el ladrón que le halló la vez primera!
Descosa, pese al mundo, ese griguesco,
desgarre esa olorosa faltriquera.
De aquestas pinturitas a lo fresco,
¿qué se puede esperar?

VOZMEDIANO — Ésa es manera
de hacer sacar la espada y no el dinero.

CONDE — ¡Paso, Buitrago!

MARGARITA — ¡A fe de caballero!

DON MARTÍN — No os enfadéis, galán, que deste modo
se pide la limosna en esta tierra;
todo es aquí braveza, es aquí todo
rigor y duros términos de guerra.

BUITRAGO — Y yo, que a lo de Marte me acomodo,
y a lo de Dios es Cristo, doy por tierra
con todo el bodegón, si con floreos
responden a mis gustos y deseos.

DON MARTÍN — En fin, ¿que aqueste galán
es de Jerez?

VOZMEDIANO — Y de nombre,
de los buenos que allí están,
y hijo, señor, de un hombre

que en Francia fue capitán.
Quedó rico y con hacienda;
dejómele a mí por prenda
mi hermana, que fue su madre,
y yo quise que del padre
siguiese la honrada senda.
Supe el cerco que se espera,
y con su gusto le truje,
que sin él no le trajera,
y a esta dura le reduje
de su vida placentera;
que, en los grados de alabanza,
aunque pervierta la usanza
el adulador liviano,
no alcanza un gran cortesano
lo que un buen soldado alcanza.

CONDE — Así es verdad, y agradezco
venida de tales dos,
y a servírosla me ofrezco.

BUITRAGO — ¡Que no me darán por Dios
lo que por mí no merezco!
¡Voto a Cristóbal del Pino,
que si una vez me amohíno,
que han de ver quién es Callejas!
Busquen alivio a sus quejas,
almas, por otro camino.
Buscaréle yo también
para mi hambre insolente,
o me den, o no me den;
que nunca muere un valiente
de hambre.

DON MARTÍN — Dices muy bien.

BUITRAGO — No digo sino muy mal.
¿Es eso por escusarse
de no sacar un real?

CONDE Vamos, que ya de enojarse
Buitrago nos da señal,
y no quiero que lo esté.

(Vanse el CONDE *y* DON MARTÍN.*)*

BUITRAGO Con aqueso comeré.
¡No fuera yo motilón,
o mozo de bodegón,
y no soldado!
MARGARITA ¿Por qué?
BUITRAGO Yo me entiendo, so galán;
vaya y guarde su dinero.
¡Adiós, mi señor Guzmán!
GUZMÁN No, no; convidaros quiero;
¡por vida del capitán!,
venid, Buitrago, conmigo.
BUITRAGO En seguirte sé que sigo
a un Alejandro y a un Marte.

(Vanse el CAPITÁN *y* BUITRAGO.*)*

MARGARITA Señor, llégate a esta parte,
que tengo que hablar contigo.
Resuelta estoy.
VOZMEDIANO En tu daño.
MARGARITA No me atajes; déjame
relatar mi mal estraño.
VOZMEDIANO ¿Ya no sabes que lo sé,
por mi mal más ha de un año?
MARGARITA Dime, señor: ¿tú no sientes
que con nuevos acidentes
cada día amor me embiste?
VOZMEDIANO Y sé que no los resiste
tu alma, pues los consientes.
MARGARITA Déjate de aconsejarme,
y dame ayuda, si quieres;

que lo demás es matarme.

VOZMEDIANO Por quien soy y por quien eres,
siempre te oiré sin cansarme,
y siempre te ayudaré,
porque a ello me obligué
cuando de venir contigo
como ayo y como amigo
te di la palabra y fe.
Di, en fin, ¿qué piensas hacer?

MARGARITA Yo, por soldado a esta empresa,
con estraño parecer,
pues procuraré ser presa,
puesto que vaya a prender.
Procuraré ser cautiva;
que de la dura y esquiva
tormenta que siente el alma,
el sosiego, gusto y palma,
en disparates estriba.
Sabré ser cautiva de quien
me cautivó sin sabello,
pensando de hacerme bien;
daré al moro perro el cuello
porque a mi alma me den.
Que no es posible sea moro
quien guardó tanto el decoro
de cristiano caballero;
y si fuere esclavo, quiero
dar por él mil montes de oro.
De que los halle no dude
nadie: que el cielo al deseo
del aflicto siempre acude.

VOZMEDIANO El gran Dios dese deseo
impertinente te mude.

MARGARITA ¿Habrá más de rescatarme,
dando tiempo al informarme

de lo que voy a saber?
Que en el mal de irme a perder
consiste el bien de ganarme.
    Venid, señor Vozmediano;
negociaréis mi salida
con el escuadrón cristiano.

VOZMEDIANO ¿Dónde quieres ir, perdida?

MARGARITA Aconsejarme es en vano.

VOZMEDIANO   Yo haré con su señoría
que se oponga a tu partida.

MARGARITA Si esto me impedís, señor,
haré otro yerro mayor,
con que lloréis más de un día.
    Echada está ya la suerte;
yo he de seguir mi destino,
aunque me lleve a la muerte.

VOZMEDIANO Del amor el desatino
cualquier bien en mal convierte.
    ¡En mal punto me encargué
de ti! ¡En mal punto dejé
la patria por tus antojos!

MARGARITA Tal vez, tras nubes de enojos,
de esperanza el sol se vee.

(Vanse, y salen ARLAXA, ALIMUZEL, OROPESA
y DON FERNANDO.*)*

ARLAXA   ¿Adónde está Alimuzel?
Oropesa, ¿dó te has ido?
Y mi Lozano, ¿qué es dél?
¡Cielo, escucha mi gemido;
no te me muestres crüel!

ALIMUZEL   Bella Arlaxa, aquí me tienes.

ARLAXA Amigo, a buen tiempo vienes.

OROPESA ¿Qué es lo que mandas, señora?

ARLAXA Vengas, amigo, en buen hora.

	Lozano, ¿en qué te detienes?
Don Fernando	Aquí estoy, señora mía.
	¿Qué me mandas? Dilo, acaba.
Arlaxa	¡Desdichada dicha mía!
Alimuzel	¿Qué has, Arlaxa?
Arlaxa	Yo soñaba
	que esta noche, al alba fría,
	daban sobre este aduar
	cristianos, y, a mi pesar,
	Nacor me llevaba presa,
	y desperté con la presa
	del asalto y del gritar;
	y he venido a socorrerme
	de vosotros con el miedo
	que el sueño pudo ponerme,
	y, aunque os veo, apenas puedo
	sosegarme ni valerme.
	Tengo a Nacor por traidor,
	y no me deja el temor
	fiar de vuestra lealtad.
Alimuzel	No son los sueños verdad;
	no tengas miedo, mi amor;
	y si lo son, juzga y piensa
	que a tu lado hallarás
	quien no consienta tu ofensa.
Arlaxa	Contra el hado es por demás
	que valga humana defensa.
Don Fernando	No te congojes, señora,
	que si llegare la hora
	de verte en aquese aprieto,
	librarte dél te prometo
	por el Dios que mi alma adora.
	Si no quedase cristiano
	en Orán, y aquí viniese
	tan arrojado y ufano

que la vitoria tuviese
tan cierta como en la mano,
  será esta mía bastante
para que el más arrogante
vuelva humilde y sin despojos.
Tiemple aquesto tus enojos,
no pase el miedo adelante,
  que haré más de lo que digo;
y de que prometo poco,
mis obras serán testigo.

OROPESA
O está don Fernando loco,
o es ya de Cristo enemigo.
  Pelear contra cristianos
promete. Venid, hermanos,
que yo, con mejor conciencia,
pasaré la diligencia
a los pies, y no a las manos.

DON FERNANDO
  Alí, dame tú una espada
y un turbante, con que pueda
la cabeza estar guardada.

OROPESA
Señora, ¿dónde se queda
tu condición arrojada?
  Agora verás hender,
herir, matar y romper.
Deja venir al cristiano.

ARLAXA
Es accidental y vano
tal deseo en la mujer,
  y fácilmente se trueca;
y, antes que la espada, agora
tomaría ver la rueca.

ALIMUZEL
El que te ofende, señora,
contra todo el mundo peca.
  Ven, cristiano, a tomar armas.

OROPESA
Mira contra quién te armas,
Lozano.

DON FERNANDO ¡Calla, Oropesa!
OROPESA En armarte a tal empresa,
de tu valor te desarmas.

(Éntranse todos.)

(Salen NACOR*, atadas las manos atrás con un cordel, y tráenle* BUITRAGO*, el capitán* GUZMÁN, MARGARITA *y otros soldados con sus arcabuces.)*

NACOR Valeroso Guzmán, éste es, sin duda,
el vendido aduar, el paraíso
do está la gloria que mi alma busca.
Con la caballería, como es uso,
le puedes coronar a la redonda,
porque apenas se escape un solo moro.
GUZMÁN No tengo tanta gente para tanto.
NACOR Cerca, pues, por lo menos, esta parte,
que responde derecha a una montaña
que está cerca de aquí, donde, sin duda,
harán designio de acogerse cuantos
sobresaltados fueren esta noche.
GUZMÁN Dices muy bien.
NACOR Pues manda que me suelten,
porque vaya a buscar el grande premio
que pide la amorosa traición mía.
BUITRAGO Eso no, ¡vive Dios!, hasta que vea
cómo se entabla el juego, ¡so Mahoma!
Estése atraillado como galgo,
porque hasta ver las liebres no le suelto.
NACOR Señor Guzmán, agravio se me hace.
GUZMÁN Buitrago, suéltale, y a Dios; y embiste.
BUITRAGO Contra mi voluntad le suelto. Vaya.
NACOR Venid, que yo pondré la gente en orden,
de modo que no haya algún desorden.

(Vanse, y queda sola MARGARITA.*)*

MARGARITA ¡Pobre de mí! ¿Dónde quedo?
¿Adónde me trae la suerte,
confusa y llena de miedo?
¿Qué cosa haré con que acierte,
si ninguna cosa puedo?
¡Oh amoroso desvarío,
que ciegas el albedrío
y la razón tienes presa!
¿Qué sacaré desta empresa,
de quién temo y de quién fío?
Soy mariposa inocente
que, despreciando el sosiego,
simple y presurosamente
me voy entregando al fuego
de la llama más ardiente.
Estos pasos son testigos
que huyo de los amigos,
y, llena de ceguedad,
de mi propria voluntad
me entrego a los enemigos.

(Suena dentro: «¡Arma, arma! ¡Santiago, cierra, cierra España, España!»*. Salga al teatro* NACOR*, abrazado con* ARLAXA*, y, a su encuentro,* BUITRAGO.*)*

BUITRAGO ¡Por aqueste portillo se desagua
el aduar! ¡Soldados, aquí, amigos!
¡Tente, perro cargado; tente, galgo!
NACOR Amigo soy, señor.
BUITRAGO ¡No es éste tiempo
para estas amistades! ¡Tente, perro!
NACOR ¡Muerto soy, por Alá!
BUITRAGO ¡Por San Benito,
que he pasado a Nacor de parte a parte,

y que esta debe ser su amada ingrata!

ARLAXA Cristiano, yo me rindo; no ensangrientes
tu espada en mujeril sangre mezquina.
Llévame do quisieres.

(Sale ALÍ.*)*

ALIMUZEL La voz oigo
de Arlaxa bella, que socorro pide.
¡Ah perro, suelta!

BUITRAGO ¡Suéltala tú, podenco sin provecho!
¿No hay quien me ayude aquí?

ARLAXA Mientras pelean
aquestos dos, podrá ser escaparme,
si acaso acierto de tomar la parte
que lleva a la montaña.

MARGARITA Si me guías,
seré tu esclavo, tu defensa y guarda
hasta ponerte en ella. Ven, señora.

(Vase ARLAXA *y* MARGARITA. *Sale* DON FERNANDO *y* GUZMÁN.*)*

BUITRAGO ¡Ánimas de purgatorio,
favorecedme, señoras,
que mi peligro es notorio,
si ya no estáis a estas horas
durmiendo en el dormitorio!
De vuestro divino aliento
con mayor fuerza me siento.
¡Perro, el huir no te cale!
¡Ahora verán si vale
Buitrago por más de ciento!

(Éntrase ALÍ, *y* BUITRAGO *tras él.)*

GUZMÁN ¡O eres diablo, o no eres hombre!
¿Quién te dio tal fuerza, perro?

DON FERNANDO No os admire ni os asombre,
Guzmán, que haga este yerro
quien respeta vuestro nombre.

GUZMÁN ¿Sois, a dicha, don Fernando?

DON FERNANDO El mismo que estáis mirando,
aunque no me veis, amigo.

GUZMÁN ¿Sois ya de Cristo enemigo?

DON FERNANDO Ni de veras, ni burlando.

GUZMÁN Pues, ¿cómo sacas la espada
contra Él?

DON FERNANDO Vendrá sazón
más llana y acomodada,
en que te dé relación
de mi pretensión honrada.
Cristiano soy, no lo dudes.

GUZMÁN ¿Por qué a defender acudes
este aduar?

DON FERNANDO Porque encierra
la paz que causa esta guerra,
la salud de mis saludes.
Dos prendas has de dejar,
y carga, amigo, con todo
cuanto hay en este aduar.

GUZMÁN A tu gusto me acomodo,
no quiero más preguntar;
pero, porque no se diga
que tengo contigo liga,
tú, pues bastas, lo defiende.

(*Vase* GUZMÁN, *y vuelve* BUITRAGO *y* ALIMUZEL.)

BUITRAGO En vano, moro, pretende
tu miedo que no te siga,
que tengo para ofenderte
dos manos y dos mil almas,
que a mis pies han de ponerte.

DON FERNANDO — Otros despojos y palmas
puedes, amigo, ofrecerte,
que éste no.

ALIMUZEL — Deja, Lozano,
que este valiente cristiano
en grande aprieto me ha puesto.

DON FERNANDO — Ve tú a socorrer el resto,
y éste déjale en mi mano,
que yo daré cuenta dél.

*(*ARLAXA*, dentro.)*

ARLAXA — ¡Lozano, que voy cautiva!
¡Que voy cautiva, Muzel!

ALIMUZEL — ¡Fortuna, a mi suerte esquiva,
cielo envidioso y crüel,
ejecutad vuestra rabia
en mi vida, si os agravia;
dejad libre la de aquélla,
que os podéis honrar con ella
por hermosa, honesta y sabia!

(Sale ARLAXA*, defendiéndola* MARGARITA *del capitán* GUZMÁN *y de otros tres soldados.)*

DON FERNANDO — ¡Todos sois pocos soldados!

GUZMÁN — Ésta es la mora en quien tiene
don Fernando sus cuidados;
dejársela me conviene.

(Vase.)

BUITRAGO — Aquí hay moros encantados
o cristianos fementidos,
que ha llegado a mis oídos,
creo, el nombre de Lozano.

DON FERNANDO — Vuestro trabajo es en vano,
cristianos mal advertidos,

que esta mora no ha de ir presa;
entrad en el aduar,
y hallaréis más rica presa.

BUITRAGO ¡Désta irás a señalar,
perro, el tanto de tu fuesa!

ALIMUZEL ¡Muerto soy; Alá me ayude!

ARLAXA ¡Acude, Lozano, acude,
que han muerto a tu grande amigo!

(Cae ALÍ *dentro, y éntrase* ARLAXA *tras él.)*

DON FERNANDO Vengaréle en su enemigo,
aunque de intención me mude.
¡No te retires, aguarda!

BUITRAGO ¿Yo retirar? ¡Bueno es eso!
Si tuviera una alabarda,
le partiera hasta el güeso.
¡Oh, cómo el perro se guarda!

DON FERNANDO Éste que va a dar el pago
de tus bravatas, Buitrago,
mejor cristiano es que tú.

BUITRAGO ¡Que te valga Bercebú,
y a mí Dios y Santiago!
Di quién eres, que, sonando
el eco, me trae con miedo
la habla de don Fernando.

DON FERNANDO El mismo soy.

BUITRAGO ¡Oh Robledo,
verdadero y memorando,
y cuánta verdad dijiste!
Sin razón le desmentiste,
Guzmán atrevido y fuerte.
Yo quiero huir de la muerte
que en esas manos asiste.

DON FERNANDO ¿Cómo, di, tú no peleas,
te retiras o te vas,

	antes que tu prisión veas?
MARGARITA	¡Estraños consejos das
	a quien la muerte deseas!
	Mas no puedo retirarme
	ni pelear, y he de darme
	de cansado a moras manos,
	que se van ya los cristianos,
	y tú no querrás dejarme.
	(Dentro, diga GUZMÁN:*)*
GUZMÁN	¡Al retirar, cristianos! ¡Toca, Robles!
	¡A retirar, a retirar, amigos!
	No se quede ninguno, y los cansados
	a las ancas los suban los jinetes,
	y en la mitad del escuadrón recojan
	la presa. ¡Al retirar, que viene el día!
DON FERNANDO	Yo te pondré en las ancas de un caballo
	de los tuyos, amigo; no desmayes.
MARGARITA	Mayor merced me harás si aquí me dejas.
DON FERNANDO	¿Quieres quedar cautivo por tu gusto?
MARGARITA	Quizá mi libertad consiste en eso.
DON FERNANDO	¿Hay otros don Fernandos en el mundo?
	Demos lugar que los cristianos pasen;
	retiraos a esta parte.
MARGARITA	Yo no puedo.
DON FERNANDO	Dadme la mano, pues.
MARGARITA	De buena gana.
DON FERNANDO	¡Jesús, y qué desmayo!
MARGARITA	Gentilhombre,
	¿lleváisme a los cristianos, o a los moros?
DON FERNANDO	A los moros os llevo.
MARGARITA	No querría
	que fuésedes cristiano y me engañásedes.
DON FERNANDO	Cristiano soy; pero, ¡por Dios!, que os llevo
	a entregar a los moros.

MARGARITA ¡Dios lo haga!

DON FERNANDO De novedades anda el mundo lleno.
¿Estáis herido acaso?

MARGARITA No estoy bueno.

(Vanse.)

(Sale OROPESA, *cargado de despojos.)*

OROPESA
No, sino estaos atenido
a los consejos de un loco,
enamorado y perdido.
Mucho llevo en esto poco;
voy libre y enriquecido.
Ya en mi libertad contemplo
un nuevo y estraño ejemplo
de los casos de fortuna,
y adornarán la coluna
mis cadenas de algún templo.

(Salen el CONDE *y* DON MARTÍN *y* BAIRÁN, *el renegado.)*

BAIRÁN
Digo, señor, que la venida es cierta,
y que este mar verás y esta ribera,
él de bajeles lleno, ella cubierta
de gente inumerable y vocinglera.
De Barbarroja el hijo se concierta
con Alabez y el Cuco, de manera
que en su favor más moros dan y ofrecen
que en clara noche estrellas se parecen.
Los turcos son seis mil, y los leventes
siete mil, toda gente vencedora;
veinte y seis las galeras, suficientes
a traer municiones de hora en hora.
Andan en pareceres diferentes
sobre cuál destas plazas se mejora
en fortaleza y sitio, y creo se ordena
de dar a San Miguel la buena estrena.

Esto es, señor, lo que hay del campo moro,
y en Argel el armada queda a punto,
y Azán, el rey, guardando su decoro,
que es diligente, la traerá aquí al punto.

CONDE
De sus designios poco o nada ignoro,
mas, por tu relación cuerda, barrunto
que a San Miguel el bárbaro amenaza,
como más flaca, aunque importante plaza.
Pero, puesto le tengo en tal reparo,
tales soldados dentro dél he puesto,
que al bárbaro el ganarle será caro,
muy más que en su designio trae propuesto.
Idos a reposar, mi amigo caro,
y el agradecimiento y paga desto
esperadla de mí, con la ventaja
que aquel merece que cual vos trabaja.

(Vase BAIRÁN.*)*

¿No tarda ya Guzmán?

DON MARTÍN
Las centinelas
le han descubierto ya.

CONDE
Venga en buen hora.

DON MARTÍN
Su premio habrá Nacor de sus cautelas
cobrado, su adorada ingrata mora.
¡Amor, como otro Marte nos desvelas;
furia y rigor en tus entrañas mora;
hasta las religiosas almas dañas,
y fundas en traiciones tus hazañas!

(Entra el capitán GUZMÁN, OROPESA, BUITRAGO, VOZMEDIANO *y otros soldados.)*

GUZMÁN
Tus manos pido, y de las mías toma,
o, por mejor decir, de tus soldados,
amorosos despojos de Mahoma.
Volvemos, como fuimos, alentados,

mejorados en honra y buena fama,
y en ropa y en esclavos mejorados.

Nacor no trae a su hermosa dama;
que Buitrago apagó con fuerte acero
del moro infame la amorosa llama.

BUITRAGO Paséle, por la fe de caballero,
por entrambas ijadas, ignorando
que fuese el que el aviso dio primero;

y si no lo estorbara don Fernando,
diera con más de dos patas arriba,
que con él se me fueron escapando.

CONDE ¿Que, en fin, se volvió moro?

OROPESA No se escriba,
se diga o piense tal de quien su intento
en ser honrado y valeroso estriba.

Yo sé de don Fernando el pensamiento,
y sé que presto volverá a servirte
con las veras que ofrece su ardimiento.

GUZMÁN Que él es cristiano sé, señor, decirte;
que él se nombró conmigo combatiendo.

DON MARTÍN ¿Y procuraba, por ventura, herirte?

GUZMÁN Con tiento pareció que iba esgrimiendo,
y palabras me dijo en el combate
por quien fui sus designios conociendo.

DON MARTÍN Deste caso, señores, no se trate;
ya, por lo menos, ha caído en culpa,
y no hay disculpa a tanto disparate.

CONDE Salió sin mi licencia: ya le culpa,
y más el escalar de la muralla,
insulto que jamás tendrá disculpa.

GUZMÁN Precipitóle honor: vistió la malla
por conservar su crédito famoso;
huyóle el moro; fue a buscar batalla.

DON MARTÍN ¡Por cierto, oh buen Guzmán, que estáis donoso!
Pues, ¿cómo no se ha vuelto, o cómo muestra

contra cristianos ánimo brioso?

OROPESA — Él dará presto de su intento muestra,
sacando, en gloria de la ley cristiana,
a luz la fuerza de su honrada diestra.

CONDE — Venid; repartiré de buena gana
lo que deste despojo a todos toca;
que el gusto crece lo que así se gana.

(Vanse, y queda BUITRAGO *y* VOZMEDIANO.*)*

VOZMEDIANO — ¡Válgame Dios, si se quedó la loca,
si se quedó la sin ventura y triste,
que así su suerte y su valor apoca!
Dime, señor, si por ventura viste
aquel soldado que partió conmigo
cuando a la empresa do has venido fuiste;
aquel bisoño manicorto, digo,
que no te quiso dar limosna un día,
y habrá hasta seis que vino aquí conmigo.

BUITRAGO — ¿No es aquel del entono y bizarría,
de las plumas volantes y del rizo,
que me habló con remoques y acedías?

VOZMEDIANO — Aquese mismo.

BUITRAGO — No sé qué se hizo.

(Vase.)

VOZMEDIANO — ¿Adónde estarás agora,
moza por tus pies llevada
do toda miseria mora,
de mandar a ser mandada,
esclava de ser señora?
¿Que es posible que un deseo
incite a tal devaneo?
Y éste es, en fin, de tal ser,
que no lo puedo creer,
y con los ojos lo veo.

[Vase.]

(Sale ARLAXA, DON FERNANDO *y* MARGARITA.*)*

DON FERNANDO
Para ser mozo y galán
y al parecer bien nacido,
muchos desmayos os dan:
señal de que habéis comido
mucha liebre y poco pan.
Quien se rinde a su enemigo,
en sí presenta testigo
de que es cobarde.

MARGARITA
Es verdad,
pero trae mi poca edad
grande disculpa consigo.
El que mis cuitas no siente,
hará de mi miedo alarde,
pero yo sé claramente
que hice más en ser cobarde
que no hiciera en ser valiente.
¡Desdichada de la vida
a términos reducida
que busca con ceguedad
en la prisión libertad
y a lo imposible salida!

ARLAXA
¿Qué sabes si este soldado,
cual tú, tiene aquella queja
de valiente mal pagado?

DON FERNANDO
Fácil conocer se deja
que le aflige otro cuidado;
que sus años, cual él muestra,
no habrán podido dar muestra,
por ser pocos, de los hechos
que, por ser mal satisfechos,
muestran voluntad siniestra.
Y el ofrecerle caballo

para que volviese a Orán,
y el no querer acetallo,
unas sospechas me dan
que por su honra las callo.
    Quizá la vida le enfada
soldadesca y desgarrada,
y como el vicio le doma,
viene tras la de Mahoma,
que es más ancha y regalada.

MARGARITA   En mi edad, aunque está en flor,
he alcanzado y conocido
que no hay mal de tal rigor
que llegue al verse ofendido,
el que es honrado, en su honor.
    Y más si culpa no tiene;
que cuando la infamia viene
a quien la busca y procura,
es menor la desventura
que la deshonra contiene.
    Y así, me será forzoso
para huir la infamia y mengua
de mal cristiano y medroso,
que os descubra aquí mi lengua
lo que apenas pensar oso.
    Si gustáis de estarme atentos,
veréis que paran los vientos
su veloz curso a escucharme,
y veréis que fue el quedarme
honra de mis pensamientos.

(Entra ALIMUZEL.*)*

ALIMUZEL   El remedio que aplicaste,
bella Arlaxa, de tu mano,
fue tal, que en él te mostraste
ser un ángel soberano

que a la vida me tornaste.
Conságrotela dos veces:
una porque la mereces,
y la otra te consagro
por el estraño milagro
con que tu fama engrandeces.

ARLAXA — Sosiégate y no me alabes,
que el médico ha sido Alá
de tus heridas tan graves.
Comienza, cristiano, ya
la historia que alegre acabes.

MARGARITA — Sí haré; más tú verás,
en el cuento que me oirás,
que no dan los duros hados
a principios desdichados
alegres fines jamás.
«Nací en un lugar famoso,
de los mejores de España,
de padres que fueron ricos
y de antigua y noble casta;
los cuales, como prudentes,
apenas mi edad temprana
dio muestras de entendimiento,
cuando me encierran y guardan
en un santo monesterio
de la virgen Santa Clara;
¡que soy mujer sin ventura,
que soy mujer desdichada!»

ARLAXA — ¡Santo Alá! ¿Qué es lo que dices?

MARGARITA — ¿Desto poquito te espantas?
Ten silencio, hermosa mora,
hasta el fin de mis desgracias;
que, aunque ellas jamás le tengan,
yo me animaré a contallas,
si es posible, en breve espacio

y con sucintas palabras.
«No me encerraron mis padres
sino para la crianza,
y fue su intención que fuese,
no monja, sino casada.
Faltáronme antes de tiempo;
que la inexorable Parca
cortó el hilo de sus vidas
para añadirle a mis ansias.
Quedé con sólo un hermano,
de condición tan bizarra,
que parece que en él solo
hizo asiento la arrogancia.
Llegó la edad de casarme;
hiciéronle mil demandas
de mí; no acudió a ninguna,
fundándose en leves causas;
y, entre los que me pidieron,
fue uno que con la espada
satisfizo a la respuesta,
según se la dieron mala.»

(Suenan dentro atambores.)

ALIMUZEL
Escucha, que oigo clarines,
oigo trompetas y cajas;
algún escuadrón es éste
de turcos que hacia Orán marcha.

(Entra uno.)

MORO
Si lo que dejó el cristiano
no quieres, hermosa Arlaxa,
no lo acaben de talar
diez escuadrones que pasan,
ven, señora, a defenderlo;
que con tu presencia, Arlaxa,

pararás al sol su curso
y suspenderás las armas.

ALIMUZEL Bien dice, señora; vamos,
que lugar habrá mañana
para oír si aquesta historia
en fin triste o alegre acaba.

ARLAXA Vamos, pues; y vos, hermosa
y lastimada cristiana,
no os pene si a vuestras penas
el oíllas se dilata.

(Vanse ARLAXA *y* ALÍ *tras ella, y* MARGARITA *a lo último, y* DON FERNANDO, *tras ella, y dicen antes:)*

MARGARITA Como no tengo, señora,
ningún alivio en contarlas,
tengo a ventura el estorbo
que de tal silencio es causa.

DON FERNANDO ¡Válgame Dios, qué sospechas
me van encendiendo el alma!
Muchas cosas imagino,
y todas me sobresaltan.
Desesperado esperando
he de estar hasta mañana,
o hasta el punto que el fin sepa
de la historia comenzada.

FIN DEL SEGUNDO ACTO

TERCERA JORNADA

Los que hablan en ella son:

ARLAXA.
MARGARITA.
VOZMEDIANO.
DON FERNANDO DE SAAVEDRA.
GUZMÁN.
BUITRAGO.
EL CONDE DE ALCAUDETE.
DON MARTÍN.
DON JUAN DE VALDERRAMA.
ALIMUZEL.
ROAMA, *moro.*
AZÁN, *rey de Argel.*
EL REY DEL CUCO.
EL REY DE ALABEZ.
Y acompañamiento.

Salen los Reyes del CUCO *y* ALABEZ, DON FERNANDO, *de moro;* ALIMUZEL, ARLAXA *y* MARGARITA.

CUCO — Hermosísima Arlaxa: tu belleza
puede volver del mesmo Marte airado
en mansedumbre su mayor braveza,
y dar leyes al mundo alborotado.

ALABEZ — Puedes, con tu estremada gentileza,
suspender los estremos del cuidado
que amor pone en el alma que cautiva,
y hacer que en gloria sosegada viva.

Puede la luz desos serenos ojos
prestarla al sol, y hacerle más hermoso;
puede colmar el carro de despojos

del dios antojadizo y riguroso.

ALABEZ Puede templar la ira, los enojos
del amante olvidado y del celoso;
puedes, en fin, parar, sin duda alguna,
el curso volador de la Fortuna.

ARLAXA Nace de vuestra rara cortesía
la sin par que me dais dulce alabanza,
porque no llega la bajeza mía
adonde su pequeña parte alcanza.
Tendré por felicísimo este día,
pues en él toma fuerzas mi esperanza
de ver mis aduares mejorados,
viendo a sus robadores castigados.

Cien canastos de pan blanco apurado,
con treinta orzas de miel aún no tocada,
y del menudo y más gordo ganado
casi os ofrezco entera una manada;
dulce lebení en zaques encerrado,
agrio yagurt. Y todo aquesto es nada
si mi deseo no tomáis en cuenta,
que en su virtud la dádiva se aumenta.

CUCO Admitimos tu oferta, y prometemos
de vengarte de aquel que te ha ofendido;
que, en fe de haberte visto, bien podemos
mostrar el corazón algo atrevido.

ALABEZ Arlaxa, queda en paz, porque tenemos
el tiempo limitado y encogido.

ARLAXA Viváis alegres siglos y infinitos,
reyes del Cuco y Alabez invitos.

(Vanse los Reyes.)

Vuelve a seguir tu comenzada historia,
cristiana, sin que dejes cosa alguna
que puedas reducir a la memoria
de tu adversa o tu próspera fortuna.

MARGARITA Pasadas penas en presente gloria
el contarlas la lengua no repugna;
mas si el mal está en ser que se padece,
al contarle, la lengua se enmudece.
«Quedé, si mal no me acuerdo,
en una mala respuesta
que dio mi bizarro hermano
a un caballero de prendas,
el cual, por satisfacerse,
muy malherido le deja.
Ausentóse y fuese a Italia,
según después tuve nuevas.
Tardó mi hermano en sanar
mucho tiempo, y no se acuerda
en mucho más de su hermana,
como si ya muerta fuera.
Vi que volaban los tiempos,
y que encerraban las rejas
el cuerpo, mas no el deseo,
que es libre y muy mal se encierra.
Vi que mi hermano aspiraba,
codicioso de mi hacienda,
a dejarme entre paredes,
medio viva y medio muerta.
Quise casarme yo misma;
mas no supe en qué manera
ni con quién; que pocos años
en pocos casos aciertan.
Dejóme un viejo mi padre,
hidalgo y de intención buena,
con el cual me aconsejase
en mis burlas y en mis veras.
Comuniquéle mi intento;
respondióme que él quisiera
que el caballero que tuvo

con mi hermano la pendencia,
fuera aquel que me alcanzara
por su legítima prenda,
porque eran tales las suyas,
que por estremo se cuentan.
Pintómele tan galán,
tan gallardo en paz y en guerra,
que en relación vi a un Adonis,
y a otro Marte vi en la Tierra.
Dijo que su discreción
igualaba con sus fuerzas,
puesto que valiente y sabio
pocas veces se conciertan.
Estaba yo a sus loores
tan descuidada y atenta,
que tomó el pincel la fama,
y en el alma las asienta;
y amor, que por los oídos
pocas veces dicen que entra,
se entró entonces hasta el alma
con blanda y honrada fuerza;
y fue de tanta eficacia
la relación verdadera,
que adoré lo que los ojos
no vieron ni ver esperan;
que, rendida a la inclemencia
de un antojo honrado y simple,
mudé traje y mudé tierra.
A mi sabio consejero
fuerzo a que conmigo venga;
que ánimo determinado,
de imposibles no hace cuenta.»

ARLAXA No te suspendas; prosigue
tu bien comenzado cuento,
que ninguna cosa siento

en él que a gusto no obligue,
y aun a pesar.

DON FERNANDO *[Aparte.]*
Y es de modo,
según que voy discurriendo,
que al alma va suspendiendo
con la parte y con el todo.

MARGARITA «Enamorada de oídas
del caballero que dije,
me salí del monesterio,
y en traje de hombre vestíme.
Dejé el hermano y la patria,
y, entre alegre y entre triste,
con mi consejero anciano
a la bella Italia vine.
De la mitad de mi alma,
para que yo más le estime,
supe allí que en estacada
venció a tres, y quedó libre,
y que la parlera fama,
que más de lo que oye dice,
le trujo a encerrar a Orán,
que espera el cerco terrible.
En alas de mi deseo,
desde Nápoles partíme;
llegué a Orán, facilitando
cualquier dudoso imposible,
y, apenas pisé su arena,
cuando alborotada fuime
a saber, sin preguntallo,
de quien me tiene tan triste.
Dél supe, y pluguiera al cielo,
que consuela a los que aflige,
que nunca yo lo supiera.»

DON FERNANDO Di presto lo que supiste.

MARGARITA «Supe que a volverse moro,
cosa, a pensarla, imposible,
dejó los muros de Orán,
y que en vuestra secta vive.
Yo, por no vivir muriendo
entre sospechas tan tristes,
a trueco de ser cautiva,
todo el hecho saber quise;
y así, arrojada y ansiosa,
entre los cristianos vine,
de quien fue Nacor la guía,
que los trujo a lo que vistes.
Ya me quedé, y soy cautiva,
y ya os pregunto si vistes
a este cristiano que busco,
o a este moro que acogistes.
Llamábase don Fernando
de Saavedra, de insignes
costumbres y claro nombre,
como su fama lo dice.
Por él y por mi rescate,
si dél sabéis, se apercibe
mi lengua a ofreceros tanto,
que pase de lo posible.»
Ésta es mi historia, señores;
nunca alegre, siempre triste;
si os he cansado en contalla,
lo que me mandastes hice.

ARLAXA Cristiana, de tu dolor
casi siento la mitad;
que tal vez curiosidad
fatiga como el amor.

Y al que te enciende en la llama
de amor con tantos estremos,
como tú, le conocemos

solamente por la fama.

ALIMUZEL
¿Debajo de cuál estrella
ese cristiano ha nacido,
que aun de quien no es conocido
los deseos atropella?
Ese amigo por quien lloras,
y en quien pones tus tesoros,
las vidas quita a los moros,
y las almas a las moras.

DON FERNANDO
Que no es moro está en razón;
que no muda un bien nacido,
por más que se vea ofendido,
por otra su religión.
Puede ser que a ese español,
que agora tanto se encubre,
alguna causa le encubre,
como alguna nube al sol.
Mas dime: ¿quién te asegura
que, después de haberle visto,
quede en tu pecho bienquisto?
Que engendra amor la hermosura,
y si él carece della,
como imagino y aun creo,
faltando causa, el deseo
faltará, faltando en ella.

MARGARITA
La fama de su cordura
y valor es la que ha hecho
la herida dentro del pecho:
no del rostro la hermosura;
que ésa es prenda que la quita
el tiempo breve y ligero,
flor que se muestra en enero,
que a la sombra se marchita.
Ansí que, aunque en él hallase
no el rostro y la lozanía

que pinté en mi fantasía,
no hay pensar que no le amase.

DON FERNANDO Con esa seguridad,
presto me ofrezco mostrarte
al que puede asegurarte
el gusto y la libertad.
Muda ese traje indecente,
que en parte tu ser desdora,
y vístete en el de mora,
que la ocasión lo consiente;
y con Arlaxa y Muzel
los muros de Orán veremos,
donde, sin duda, hallaremos
tu piadoso o tu crüel;
que no es posible dejar
de hallarse en aquesta guerra,
si no le ha hundido la tierra
o le ha sorbido la mar.
Alimuzel, no te tardes;
ven, y mira que es razón;
que en semejante ocasión
no es bien parecer cobarde.

ALIMUZEL Haz cuenta que a punto estoy.

ARLAXA A mí nada me detiene.

MARGARITA Ya veis si a mí me conviene
seguiros.

DON FERNANDO Pues pase hoy;
y mañana, cuando dan
las aves el alborada,
demos a nuestra jornada
principio y al fin de Orán.
¿Queda así?

ALIMUZEL No hay que dudar.

ARLAXA ¿Cómo te llamas, señora?

MARGARITA Margarita; mar do moran

gustos que me han de amargar.

ARLAXA — Ven, que el amor favorece
siempre a honestos pensamientos.

DON FERNANDO — ¡Qué atropellados contentos
la ventura aquí me ofrece!

(Éntranse todos.)

(Sale BUITRAGO, *solo, a la muralla.)*

BUITRAGO — ¡Arma, arma, señor, con toda priesa!;
porque en el charco azul columbro y veo
pintados leños de una armada gruesa
hacer un medio círculo y rodeo;
el viento el remo impele, el lienzo atesa;
el mar tranquilo ayuda a su deseo.
Arma, pues, que en un vuelo se avecina,
y viene a tomar tierra a la marina.

(A la muralla, el CONDE *y* GUZMÁN.*)*

CONDE — Turcos cubren el mar, moros la tierra;
don Fernando de Cárcamo al momento
a San Miguel defienda, y a la guerra
se dé principio con furor sangriento.
Mi hermano, que en Almarza ya se encierra,
mostrará de quién es el bravo intento;
que este perro, que nunca otra vez ladre,
es el que en Mostagán mordió a su padre.

GUZMÁN — Mal puedes defenderle la ribera.

CONDE — No hay para qué, si todo el campo cubre
del Cuco y Alabez la gente fiera,
tanta, que hace horizonte lo que encubre,
y los que van poblando la ladera
de aquel cerro empinado que descubre
y mira esento nuestros prados secos,
son los moros de Fez y de Marruecos.
Coronen las murallas los soldados,

y reitérese el arma en toda parte;
estén los artilleros alistados,
y usen certeros de su industria y arte;
los a cosas diversas diputados
acudan a su oficio, y dese a Marte
el que a Venus se daba, y haga cosas
que sean increíbles de espantosas.

(Éntrese de la muralla el CONDE *y* GUZMÁN.*)*

BUITRAGO Ánimas, si queréis que al ejercicio
vuelva de mis plegarias y rosario,
pedid que me haga el cielo beneficio
que siquiera no falte el ordinario;
que, aunque de Marte el trabajoso oficio
en mi estómago pide estraordinario,
con diez hogazas que me envíe, sienta
que a seis bravos soldados alimenta.

(Éntranse, y suenan chirimías y cajas.)

(Entra AZÁN BAJÁ *y* BAIRÁN *con el* REY DEL CUCO *y el* ALABEZ.*)*

BAIRÁN Don Francisco, el hermano del valiente
don Juan, que naufragó en la Herradura,
apercibe gran número de gente,
y socorrer a esta ciudad procura.
Don Álvaro Bazán, otro excelente
caballero famoso y de ventura,
tiene cuatro galeras a su cargo,
y éste ha de ser de tu designio embargo.

AZÁN Su arena piso ya; de Orán colijo
no aquella lozanía que dijiste:
sólo por tocar arma ya me aflijo,
y ver quién será aquel que me resiste.

ALABEZ Quien al padre venció vencerá al hijo.

No hay que esperar, ¡oh grande Azán!, embiste;
que el tiempo que te tardas, ése quitas
a tus vitorias raras e infinitas.

(Entren a esta sazón ARLAXA *y* MARGARITA*, en hábito de moro;* DON FERNANDO *como moro, y* ALIMUZEL.*)*

CUCO
Tienes presente, ¡oh rey Azán!, la gloria
de la África y la flor de Berbería;
un ángel es que anuncia tu vitoria,
que el cielo, donde él vive, te le envía.

AZÁN
Tendré yo para siempre en la memoria
esta merced, ¡oh gran señora mía!,
bella y sin par Arlaxa, en cuanto el cielo
pudo de bien comunicar al suelo.
¿Qué buscas entre el áspero ruïdo
del cóncavo metal, que, el aire hiriendo,
no ha de llevar a tu sabroso oído
de Apolo el son, mas el de Marte horrendo?

ARLAXA
El tantarán del atabal herido,
el bullicio de guerra y el estruendo
de gruesa y disparada artillería
es para mí suave melodía.
Cuanto más, que yo vengo a ser testigo
de tus raras hazañas y excelentes,
y a servirte estos dos truje conmigo,
que cuanto son gallardos son valientes.

AZÁN
De agradecer tanta merced me obligo
cuando corran los tiempos diferentes
de aquéstos, porque el fruto de la guerra
en la paz felicísima se encierra.

(Entra ROAMA*, moro, con un cristiano galán atadas las manos.)*

ROAMA
El bergantín que de la Vez se llama
cautivaron anoche tus fragatas;
y éste, que es un don Juan de Valderrama,

venía en él.

AZÁN ¿Por qué no le desatas?

(Como entra el cautivo, se cubre MARGARITA *el rostro con un velo.)*

ALABEZ ¿Cómo sabes su nombre tú, Roama?

ROAMA Él me lo ha dicho así.

AZÁN Pues mal le tratas;
si es caballero, suéltale las manos.

DON JUAN ¿Qué es lo que veo, cielos soberanos?

(Mira a DON FERNANDO.*)*

AZÁN ¿De qué tierra eres, cristiano?

DON JUAN De Jerez de la Frontera.

AZÁN ¿Eres hidalgo o villano?

ALABEZ Vestir de aquella manera
los villanos no es muy llano.

DON JUAN Caballero soy.

AZÁN ¿Y rico?

DON JUAN Eso no; pues que me aplico
a ser soldado, señal
que de bienes me va mal;
y esto os juro y certifico.

ALABEZ De cristianos juramentos
está preñada la tierra,
lleno el mar, densos los vientos.

AZÁN ¿Y venías...?

DON JUAN A la guerra.

AZÁN ¡Honrados son tus intentos!

MARGARITA ¡Éste es mi hermano, señora!

ARLAXA Disimula como mora,
y cúbrete el rostro más.

CUCO ¡Buena guerra agora harás!

DON JUAN ¿Y cómo la hago agora?

AZÁN ¿Qué nuevas hay en España?

DON JUAN — No más de la desta guerra,
y que ya estás en campaña.

AZÁN — Dirán que mi intento yerra
en emprender tal hazaña;
el socorro aprestarán,
el mundo amenazarán,
y, estándole amenazando,
llegarán a tiempo cuando
yo esté en sosiego en Orán.
Preséntote este cristiano,
Arlaxa, como en indicio
de lo que en servirte gano;
y acepta el primer servicio
que recibes de mi mano;
que otros pienso de hacerte
con que mejores la suerte
de tu aduar saqueado.

ARLAXA — Tenga el grande Alá cuidado,
grande Azán, de engrandecerte.

AZÁN — Vamos, que Marte nos llama
a ejercitar el rigor
que enciende tu ardiente llama.

ARLAXA — Mahoma te dé favor
que aumente tu buena fama.
Ven, cristiano, y darme has cuenta
de quién eres.

(Éntranse todos, excepto DON JUAN *y* DON FERNANDO.*)*

DON JUAN — ¡No consienta
el cielo que éste sea aquel
que, enamorado y crüel,
pudo hacerme honrada afrenta!

DON FERNANDO — Escucha, cristiano, espera.

DON JUAN — Ya espero, ya escucho, y veo
lo que nunca ver quisiera,

	si me pinta aquí el deseo
	esta visión verdadera.
DON FERNANDO	¿Qué murmuras entre dientes?
DON JUAN	¿Qué me quieres?
DON FERNANDO	Que me cuentes
	quién eres.
DON JUAN	Pues, ¿qué te importa?
DON FERNANDO	Hacer tu desgracia corta.
DON JUAN	*[Aparte.]*
	¡Podrá ser que me la aumentes!
	Muestran que no es opinión
	los sobresaltos que paso,
	mas cosa puesta en razón,
	que, sin duda, hace caso
	tal vez la imaginación,
	pues pienso que estoy mirando
	el rostro de don Fernando,
	su habla, su talle y brío;
	pero que esto es desvarío
	su traje me va mostrando.
DON FERNANDO	¿Todo ha de ser murmurar,
	cristiano?
DON JUAN	Perdona, moro,
	que no me dejan guardar
	el cortesano decoro
	las ansias de mi pesar.
	Y más, que tú me enmudeces;
	porque tanto te pareces
	a un cristiano, que me admiro,
	que le veo si te miro,
	y él mismo en ti mismo ofreces.
DON FERNANDO	En Orán hay un cristiano
	que dicen que me parece
	como esta mano a esta mano,
	y que si acaso se ofrece

vestir hábito africano,

ningún moro hay que le vea
que no diga que yo sea,
y juzgue con evidencia
que sólo nos diferencia
su vestido y mi librea.

No le he visto y voy trazando
verle, que verle deseo,
ya en paz, o ya peleando.

DON JUAN ¿Cómo se llama?

DON FERNANDO Yo creo
que se llama don Fernando,

y tiene por sobrenombre
Saavedra.

DON JUAN Ése es el hombre
por quien con mil males lucho.

DON FERNANDO Desa manera, no es mucho
que mi presencia te asombre.

(Entra ROAMA, *el moro.)*

ROAMA Arlaxa y Fátima están
esperándote, cautivo.

DON FERNANDO Ve en paz; que, rendido Orán,
si el otro yo queda vivo,
tendrá remedio tu afán.

DON JUAN Estimo tu buen deseo;
mas, con todo aquesto, creo...;
pero no, no creo nada;
que es cosa desvariada
dar crédito a lo que veo.

(Éntrase DON JUAN *y* ROAMA.*)*

DON FERNANDO Entre sospechas y antojos,
y en gran confusión metido,
va don Juan lleno de enojos,

pues le estorba este vestido
no dar crédito a sus ojos.
No se puede persuadir
que yo pudiese venir
a ser moro y renegar;
y así, se deja llevar
de lo que quise fingir.
Su confesión está llana,
y más lo estará si mira
y si conoce a su hermana;
que entonces no habrá mentira
que no se tenga por vana.
Pregunto: ¿en qué ha de parar
este mi disimular,
y este vestirme de moro?
En que guardaré el decoro
con que más me pueda honrar.

(Éntrase.)

(Tócase arma; salen a la muralla el CONDE *y* GUZMÁN, *y al teatro,* AZÁN, *el* CUCO *y* ALABEZ.*)*

CONDE Veinte asaltos creo que son
los que han dado a San Miguel,
y éste, según es crüel,
me muestra su perdición.
No podrá más don Fernando
de Cárcamo.

GUZMÁN No, sin duda;
mas, si no se le da ayuda,
su fin le está amenazando.
Fuerza que no se socorre,
haz cuenta que está rendida.

AZÁN San Miguel va de vencida,
que gran morisma allá corre.

(Suena mucha vocería de «¡Li, li, li!» *y atambores; sale* ROAMA.*)*

ROAMA

San Miguel se ha entrado ya,
y, sobre el muro español,
son tus medias lunas sol,
el más bello que hizo Alá.
Fuéronse a Mazalquivir
algunos que se escaparon.

AZÁN

Algún tanto dilataron
esos perros el vivir.

ALABEZ

Desta huida no se arguye
el refrán que el vulgo trata,
que es hacer puente de plata
al enemigo que huye.

CUCO

Hoy de aquel gran capilludo
las memorias quedarán
enterradas con Orán,
pues tú puedes más que él pudo.

AZÁN

¡Valeroso don Martín,
que te precias de otro Marte,
espera, que voy a darte,
a tu usanza, un San Martín!

(Éntranse todos.)

(Salen ARLAXA *y* MARGARITA, *cubierto el rostro con un velo, y* DON JUAN, *como cautivo.)*

DON JUAN

Ayer me entró por la vista
cruda rabia a los sentidos,
y hoy me entra por los oídos,
sin haber quien la resista.
Ayer la suerte inhumana,
a quien mil veces maldigo,
me hizo ver mi enemigo,
y hoy me hace oír mi hermana.
Quítate el velo, señora,

	y sacarme has de una duda
	por quien tiembla el alma y suda.
MARGARITA	¿Otra vez? No puedo agora.
DON JUAN	¡Ay Dios, que la voz es ésta
	de mi buscada enemiga!
MARGARITA	Si el oírme te fatiga,
	jamás te daré respuesta.
DON JUAN	No me tengas más suspenso;
	descúbrete, que me das,
	mientra que cubierta estás,
	un dolor que llega a inmenso.
ARLAXA	Fátima, por vida mía,
	que te descubras; veremos
	por qué hace estos estremos
	este cristiano.
MARGARITA	Sí haría,
	si no me importase mucho
	encubrirme desta suerte.
DON JUAN	Los ecos son de mi muerte
	los que en esta voz escucho.
ARLAXA	Descúbrete, no te asombres;
	que has de saber, si lo ignoras,
	que nunca para las moras
	los cristianos fueron hombres.
	Ya no es nadie el que es esclavo;
	no tienes que recelarte.
MARGARITA	Yo daré, por contentarte,
	con mis designios al cabo.
ARLAXA	*[Aparte.]*
	Que te conozca, no importa;
	cuanto más, que has de negallo
MARGARITA	*[Aparte.]*
	Dudosa en todo me hallo.
ARLAXA	*[Aparte.]*
	Ten ánimo, no seas corta.

MARGARITA Descúbrome; vesme aquí,
cristiano; mírame bien.

DON JUAN ¡Oh, el mismo rostro de quien
aquí me tiene sin mí!
¡Oh hembra la más liviana
que el sol ha visto jamás!
¡Oh hermana de Satanás
primero que no mi hermana!
Por ejemplos más de dos
he visto puesto en efeto
que, en perdiéndose el respeto
al mundo, se pierde a Dios.

ARLAXA ¿Qué dices, perro?

DON JUAN Que es ésta
mi hermana.

ARLAXA ¿Fátima?

DON JUAN Sí,

ARLAXA ¡En mi vida vi ni oí
tan linda y graciosa fiesta!
¡Tuya mi hermana! ¿Estás loco?
Mírala bien.

DON JUAN Ya la miro.

ARLAXA ¿Qué dices, pues?

DON JUAN Que me admiro,
y en el juicio me apoco.
Por dicha, ¿hace Mahoma
milagros?

ARLAXA Mil a montones.

DON JUAN ¿Y hace transformaciones?

ARLAXA Cuando voluntad le toma.

DON JUAN ¿Y suele mudar, tal vez,
en mora alguna cristiana?

ARLAXA Sí.

DON JUAN Pues aquésta es mi hermana,
y la tuya está en Jerez.

ARLAXA ¡Roama, Roama, ven!

(Entra ROAMA.*)*

ROAMA Señora; ¿qué es lo que mandas?
ARLAXA Que pongas las carnes blandas
a este perro.
ROAMA Está bien.

(Vuélvese.)

ARLAXA Con un corbacho procura
sacarle de la intención
una cierta discreción
que da indicios de locura.
MARGARITA De cualquiera maleficio,
Arlaxa, que al hombre culpa,
le viene a sobrar disculpa
en la falta del juïcio.
No le castigues ansí
por cosa que es tan liviana.
DON JUAN ¡Juro a Dios que eres mi hermana,
o el diablo está hablando en ti!

(Suena dentro asalto.)

ARLAXA ¿No oyes, Fátima, que dan
asalto a Mazalquivir,
que hasta aquí se hace sentir
en el conflito en que están?
Deja a ese perro, y acude,
por si lo podremos ver.

(Éntranse ARLAXA *y* MARGARITA.*)*

MARGARITA Siempre te he de obedecer.
DON JUAN ¡Y quieren que desto dude!
Por ser grande la distancia
que hay de mi hermana a ser mora,

imagino que en mí mora
gran cantidad de ignorancia.
Estraño es el devaneo
con quien vengo a contender,
pues no me deja creer
lo que con los ojos veo.

(Éntrase.)

(Salen a la muralla DON MARTÍN, *el capitán* GUZMÁN *y* BUITRAGO *con una mochila a las espaldas y una bota de vino, comiendo un pedazo de pan.)*

DON MARTÍN
¡Gente soberbia y crüel,
a quien ayuda la suerte,
no penséis que es éste el fuerte
tan flaco de San Miguel!
¡Bravo Guzmán, gran Buitrago,
hoy ha de ser vuestro día!

BUITRAGO
(Bebe.)
Déjeme vueseñoría
que me esfuerce con un trago.
¡Échenme destos alanos
agora de dos en dos,
porque yo les juro a Dios
que han de ver si tengo manos!

(Salen al teatro AZÁN, *el* CUCO, *el* ALABEZ, DON FERNANDO *y otros moros con escalas.)*

AZÁN
Al embestir no se tarde;
porque quiero estar presente,
para honrar al que es valiente
y dar infamia al cobarde.
Muzel, una escala toma,
y muéstranos que te dan,
como a melionés galán,

manos las del gran Mahoma.
¡Ea; al embestir, amigos;
amigos, al embestir;
que hoy será Mazalquivir
sepultura de enemigos!

(Embisten; anda la grita; lleva MUZEL *una escala; sube por ella, y otro moro por otra; deciende al moro* BUITRAGO, *y* DON FERNANDO *ase a* MUZEL *y derríbale; pelea con otros, y mátalos. Todos han de caer dentro del vestuario. Desde un cabo mira* AZÁN, *el* CUCO *y el* ALABEZ *lo que pasa.)*

DON FERNANDO Ya no es tiempo de aguardar
a designios prevenidos,
viendo que están oprimidos
los que yo debo ayudar.
¡Baja, Muzel!

ALIMUZEL ¿Por ventura,
quiéresme quitar la gloria
desta ganada vitoria?

DON FERNANDO Aún más mi intento procura.

ALIMUZEL ¡Que me derribas! ¡Espera,
que ya abajo a castigarte!

DON FERNANDO Aunque bajase el dios Marte
acá de su quinta esfera,
no le estimaré en un higo.
¡Oh, cómo que trepa el galgo!

(Derriba al otro que sube.)

ALIMUZEL Poco puedo y poco valgo
con este amigo enemigo.
¿Por qué contra mí, Lozano,
esgrimes el fuerte acero?

(Riñen los dos.)

DON FERNANDO Porque soy cristiano, y quiero
mostrarte que soy cristiano.

DON MARTÍN ¡Disparen la artillería!
¡Aquí, Buitrago y Guzmán!
¡Robledo, venga alquitrán!
¡Arrojad esa alcancía!
¡Allí, que se sube aquél!

DON FERNANDO Donde yo estoy, este muro
estará siempre seguro;
y, aunque le pese a Muzel,
este perro vendrá al suelo.

(Derriba a otro.)

AZÁN ¿Quién es aquél que derriba
a cuantos suben arriba?

CUCO Que es renegado recelo;
pero yo lo veré presto,
y le haré que se arrepienta.

AZÁN A un rey no toca esa afrenta.

(Vase el del CUCO *contra* DON FERNANDO.*)*

CUCO Mahoma se sirve en esto.

GUZMÁN Buitrago, el que nos defiende
es, sin duda, don Fernando.

BUITRAGO Aqueso estaba pensando,
porque a los moros ofende.

CUCO ¡Renegado, perro, aguarda!

DON FERNANDO ¡Rey del Cuco, perro, aguardo!

CUCO ¿Cómo en tu muerte me tardo?

DON FERNANDO Pues la tuya ya se tarda.
Alimuzel, désta vas,
y tú, rey, irás de aquésta.
¡Concluyóse ya esta fiesta!

CUCO ¡Muy mal herido me has!

ALIMUZEL ¡Muerto me has, moro fingido
y cristiano mal cristiano!

(Caen dentro del vestuario.)

DON FERNANDO — Tengo pesada la mano
y alborotado el sentido;
Dios sabe si a mí me pesa.
Gran don Martín valeroso,
haz que deciendan al foso
y recojan esta presa.

GUZMÁN — Don Fernando, señor, es,
que viene a hacer recompensa
de la cometida ofensa:
diez ha herido, y muerto a tres;
y el rey del Cuco es aquel
que yace casi difunto.

DON MARTÍN — Pues socorrámosle al punto.

GUZMÁN — Y el otro es Alimuzel.

DON MARTÍN — Vayan por la casamata
al foso, y retírenlos.

BUITRAGO — Vamos por ellos los dos.

(Quítase del muro GUZMÁN *y* BUITRAGO.*)*

AZÁN — Ya no es la empresa barata,
pues me cuesta un rey, y tantos
que en veinte asaltos han muerto.
¿Alboroto, y en el puerto
(¿qué podrá ser?) de los Santos?

(Suena todo.)

Campanas en la ciudad
suenan, señal de alegrías,
y tocan las chirimías;
aquésta es gran novedad.
Vamos a ver lo que es esto,
y toquen a recoger.

ALABEZ — No sé lo que pueda ser.

AZÁN — Pues yo lo sabré bien presto.

(Éntranse.)

(Salen BUITRAGO *y* GUZMÁN.*)*

GUZMÁN — Al retirar, don Fernando,
que en gran peligro estás puesto.
DON FERNANDO — No lo pienso hacer tan presto.
BUITRAGO — Pues, ¿cuándo?
DON FERNANDO — Menos sé cuándo.
Yo, que escalé estas murallas,
aunque no para huir dellas,
he de morir al pie dellas,
y con la vida amparallas.
Conozco lo que me culpa,
y, aunque a la muerte me entregue,
haré la disculpa llegue
adonde llegó la culpa.
BUITRAGO — Yo sé muy poco, y diría,
y está muy puesto en razón,
que la desesperación
no puede ser valentía.
GUZMÁN — Menos riesgo está en ponerte
del conde a la voluntad
que hacer la temeridad
donde está cierto el perderte.
Procúrate retirar,
pues es cosa conocida
que al mal de perder la vida
no hay mal que pueda llegar.
En efecto: has de ir por fuerza,
si ya no quieres de grado.
DON FERNANDO — De vuestra fuerza me agrado,
pues más obliga que fuerza.
Retirad aquesos dos
del foso, que es gente ilustre.
BUITRAGO — Locura fuera de lustre
el quedarte, ¡juro a Dios!

(Éntranse todos.)

(Salen AZÁN, ARLAXA, MARGARITA, DON JUAN, ROAMA, *que trae preso a* VOZMEDIANO.*)*

ROAMA — Este, pasando de Orán
a Mazalquivir, fue preso.

AZÁN — Este nos dirá el suceso
y por qué alegres están.

VOZMEDIANO — Porque les entró un socorro,
que por él, ¡oh gran señor!,
a la hambre y al temor
han dado carta de horro.
Un don Álvaro Bazán,
terror de naciones fieras,
a pesar de tus galeras,
ha dado socorro a Orán.
En la cantidad es poco,
y en el valor sobrehumano.

DON JUAN — Si aquéste no es Vozmediano,
concluyo con que estoy loco.

VOZMEDIANO — ¡Suerte airada, por quien vivo
en pena casi infinita!
Aquella, ¿no es Margarita,
y su hermano aquel cautivo?

AZÁN — ¿Hay nuevas de otro socorro,
cristiano?

VOZMEDIANO — Dicen que sí.

DON JUAN — De haber dudado hasta aquí
ya me avergüenzo y me corro.
¿No os llamáis vos Vozmediano?

VOZMEDIANO — No, señor.

DON JUAN — ¿Qué me decís?

VOZMEDIANO — Que no.

DON JUAN — ¡Por Dios, que mentís!

VOZMEDIANO — Estoy preso y soy cristiano,

y así, no os respondo nada.

DON JUAN — ¿Aquella no es Margarita,
viejo ruin?

VOZMEDIANO — Es infinita
vuestra necedad pensada.
Pedro Álvarez es mi nombre:
ved si os habéis engañado.

DON JUAN — El seso tengo turbado;
no hay cosa que no me asombre.
Que si éste no es Vozmediano
y no es Margarita aquélla,
y el que causó mi querella
no es el otro mal cristiano,
tampoco soy yo don Juan,
sino algún hombre encantado.

(Entra un MORO.*)*

MORO — ¿Cómo estás tan sosegado,
valeroso y fuerte Azán?
Si tardas un momento, no habrá fusta,
galera ni bajel de cuantos tienes
en este mar que no sea miserable
presa del español, que a remo y vela
viene a embestirte. Rey Azán, ¿qué aguardas?

AZÁN — Todo moro se salve, que los turcos
solos se han de embarcar. ¡Adiós, amigos!

(Vase.)

ARLAXA — Fátima, no me dejes; ven conmigo,
que tiempo habrá donde a tu gusto acudas.

MARGARITA — No te puedo faltar; guía, señora.

(Éntranse las dos.)

DON JUAN — Solos quedamos, hombre, y sólo quiero
que me digas quién eres; que yo pienso

	que eres un Vozmediano de mi tierra.
VOZMEDIANO	No es este tiempo para tantas largas;
	la libertad tenemos en las manos;
	dejalla de cobrar será locura.
	Pedro Álvarez me llamo por agora.

(Éntrase.)

DON JUAN	¿Cómo podré dejarte, hermana o mora?

(Éntrase.)

(Salen a la muralla DON MARTÍN, GUZMÁN, DON FERNANDO *y* BUITRAGO.*)*

DON MARTÍN	¡Oh, que se embarca el perro y que se escapa!
	Dobla la punta, general invicto,
	y embístele.
GUZMÁN	Por más que lo procura,
	no es posible alcanzarle.
DON FERNANDO	¡A orza, a orza,
	con la vela hasta el tope! ¡Oh, que se escapa!
	De Canastel el cabo dobla, y vase.
DON MARTÍN	Los perros de la tierra, en remolinos
	confusos, con el miedo a las espaldas,
	huyen y dejan la campaña libre.
BUITRAGO	Toda la artillería se han dejado.
GUZMÁN	Las proas endereza nuestra Armada
	al puerto, y ya de Orán el conde insigne
	ha salido también.
DON MARTÍN	A la marina,
	que el bravo don Francisco de Mendoza
	no tardará en llegar.

(Éntrase DON MARTÍN *y* BUITRAGO.*)*

DON FERNANDO	Amigo, escucha:
	¿no ves aquel montón que va huyendo

de moros por la falda del ribazo?

GUZMÁN — Muy bien. ¿Por qué lo dices?

DON FERNANDO — Allí creo
que va desta alma la mitad.

GUZMÁN — ¿Va Arlaxa?

DON FERNANDO — Arlaxa va.

GUZMÁN — ¡Mahoma la acompañe!

DON FERNANDO — Ven, que con ella va la que me lleva
el alma, y me conviene detenellas;
sígueme, que has de hacer por mí otras cosas
que me importan la honra.

GUZMÁN — Yo te sigo;
que hasta la aras he de serte amigo.

(Éntranse.)

(Sale, como que se desembarca, DON FRANCISCO DE MENDOZA; *recíbenle el* CONDE *y* DON MARTÍN, BUITRAGO *y otros.)*

CONDE — Sea vuesa señoría bien venido,
cuanto ha sido el deseo
que de verle estas fuerzas han tenido.

DON FRANCISCO — El cielo, a lo que creo,
en mi mucha tardanza ha sido parte,
porque viese esta tierra más de un Marte;
que de aquestas murallas las rüinas
muestran que aquí hubo brazos
de fuerzas que llegaron a divinas.

BUITRAGO — Rompen por embarazos
imposibles los hartos y valientes,
y esto saben mis brazos y mis dientes.

DON MARTÍN — ¡Paso, Buitrago!

BUITRAGO — Yo, señor, bien puedo
hablar, pues soy soldado
tal, que a la hambre sola tengo miedo.
Ya el cerco es acabado.

DON MARTÍN — No es para aquí, Buitrago, aqueso. ¡Paso!

BUITRAGO — Nadie sabe la hambre que yo paso.

CONDE — Cincuenta y siete asaltos reforzados
dieron los turcos fieros
a estos terrones por el suelo echados.

BUITRAGO — Cincuenta y siete aceros
tajantes respondieron a sus bríos,
todos en peso destos brazos míos.
Corté y tajé más de una turca estambre.

CONDE — ¡Buitrago, basta agora!

BUITRAGO — Bastará, a no morirme yo de hambre.

DON FRANCISCO — En vuestro pecho mora,
famoso don Martín, la valentía.

BUITRAGO — Y en el mío la hambre y sed se cría.

(Entra el capitán GUZMÁN *y lee un billete a* DON FRANCISCO*; y, en leyéndole, dice:)*

DON FRANCISCO — Haráse lo que pide don Fernando;
que todo lo merece
lo que dél va la fama publicando.
Coyuntura se ofrece
donde alegre y seguro venir puede.

GUZMÁN — Tu gran valor al que es mayor excede.

(Éntrase GUZMÁN.*)*

DON FRANCISCO — Pido, en albricias deste buen suceso,
señor conde, una cosa
que por algo atrevida la confieso,
mas no dificultosa.

CONDE — ¿Qué me puede mandar vueseñoría
que no haga por deuda o cortesía?

DON FRANCISCO — De don Fernando Saavedra pido
perdón, porque su culpa
con su fogoso corazón la mido,
y él dará su disculpa.

CONDE — Muy mal la podrá dar; pero, con todo,
señor, a vuestro gusto me acomodo.

(Entran DON FERNANDO *y* ALIMUZEL, *con una banda, como que está herido;* ARLAXA, MARGARITA, DON JUAN *y* VOZMEDIANO.*)*

DON FERNANDO — Si confesar el delito,
con claro arrepentimiento,
mitiga en parte la ira
del juez que es sabio y recto,
yo, arrepentido, aunque tarde,
el mal que hice confieso,
sin dar más disculpa dél
que un honrado pensamiento.
A la voz del desafío
deste moro corrí ciego,
sin echar de ver los bandos,
que al más bravo ponen freno.
Pero no es éste lugar
para alargarme en el cuento
de mi estraña y rara historia,
que dejo para otro tiempo.

CONDE — Agradecedlo al padrino
que habéis tenido, que creo
que allí llegará la pena
do llegó el delito vuestro.
Pero, ¿qué moras son éstas?,
¿y qué cautivos? ¿Qué es esto?

DON FERNANDO — Todo lo sabrás después,
y por agora te ruego
que me des, señor, licencia,
para hablar sólo un momento
y acomodar muchas causas
de quien verás los efectos.

CONDE — Hablad lo que os diere gusto,
que del vuestro le tendremos;

que siempre vuestras palabras
responden a vuestros hechos.

DON FERNANDO Yo soy, Arlaxa, el cristiano,
y entiende que ya no miento,
don Fernando, el de la fama,
que te enamoró el deseo.
La palabra que le diste
a Alimuzel tenga efecto,
que él hará entrego de mí,
pues yo en sus manos me entrego.
Y vos, don Juan valeroso,
cuyo honrado y noble intento
os trujo a tal confusión
que os turbó el conocimiento,
perdonad a vuestra hermana,
que el romper del monesterio
redundará en su alabanza,
señor, si vos gustáis dello.
Sin dote será mi esposa;
que nunca falta el dinero
donde los gustos se miden
y se estrechan los deseos.
En esta mora en el traje
a vuestra hermana os ofrezco,
y a mi esposa, si ella quiere.

MARGARITA Yo sí quiero.

DON FERNANDO Yo sí quiero.

DON JUAN ¿No es aquéste Vozmediano?

VOZMEDIANO El mismo.

DON JUAN ¡Gracias al cielo
que, tras de tantos nublados,
claro el sol y alegre veo!
No es este famoso día
de venganzas, y no tengo
corazón a quien no ablande
tal sumisión y tal ruego.

Yo perdono a Margarita,
y por esposa os la entrego,
Alejandro de mi hacienda,
pues la mitad os ofrezco.

ARLAXA — Y yo la mano a Muzel;
que, aunque mora, valor tengo
para cumplir mi palabra;
cuanto más, que lo deseo.

CONDE — Tan alegre destas cosas
estoy, cuanto estoy suspenso,
porque dellas veo el fin,
y no imagino el comienzo.

DON FERNANDO — ¿Ya no te he dicho, señor,
que te lo diré a su tiempo?

(Entra UNO.*)*

UNO — En este punto espiró
el buen alférez Robledo.

GUZMÁN — Dios le perdone, y mil gracias
doy al piadoso cielo,
que me quitó de los hombros
tan pesado sobrehueso.
Quien quiere tener la vida
rendida a cualquier encuentro,
y no tener gusto en ella
ni velando ni durmiendo,
afrente a algún bien nacido,
y verá presente luego
el rostro que el temor tiene,
la sospechas y el recelo.

BUITRAGO — Quien quisiere se le quite
todo temor, todo miedo,
tenga hambre, y verá como
cesa todo en no comiendo.

DON MARTÍN — Yo añadiré las raciones,
Buitrago.

BUITRAGO ¡Hágate el cielo
vencedor nunca vencido
por casi siglos eternos!

CONDE Entremos en la ciudad,
señor don Francisco.

DON FRANCISCO Entremos,
porque a la vuelta me llaman
estos favorables vientos,
y quiero deste principio
entender estos sucesos,
porque, en ser de don Fernando,
gustaré de que sean buenos.

BUITRAGO Tóquense las chirimías
y serán, si bien comemos,
dulces y alegres las fiestas.

GUZMÁN ¿Y si no?

BUITRAGO Renegaremos.

UNO ¡Buitrago, daca el alma!

BUITRAGO ¡Hijo de puta! ¿Tenemos
más almas que dar, bellaco?

UNO ¡Daca el alma!

BUITRAGO ¡Por San Pedro,
que si os asgo, hi de poltrón,
que habéis de saber si tengo
alma que daros!
En este punto espiró
el buen alférez Robledo.

GUZMÁN Dios le perdone, y mil gracias
doy al piadoso cielo,
que me quitó de los hombros
tan pesado sobrehueso.
Quien quiere tener la vida
rendida a cualquier encuentro,
y no tener gusto en ella
ni velando ni durmiendo,
afrente a algún bien nacido,

y verá presente luego
el rostro que el temor tiene,
la sospechas y el recelo.

BUITRAGO Quien quisiere se le quite
todo temor, todo miedo,
tenga hambre, y verá como
cesa todo en no comiendo.

DON MARTÍN Yo añadiré las raciones,
Buitrago.

BUITRAGO ¡Hágate el cielo
vencedor nunca vencido
por casi siglos eternos!

CONDE Entremos en la ciudad,
señor don Francisco.

DON FRANCISCO Entremos,
porque a la vuelta me llaman
estos favorables vientos,
y quiero deste principio
entender estos sucesos,
porque, en ser de don Fernando,
gustaré de que sean buenos.

BUITRAGO Tóquense las chirimías
y serán, si bien comemos,
dulces y alegres las fiestas.

GUZMÁN ¿Y si no?

BUITRAGO Renegaremos.
¡Buitrago, daca el alma!

BUITRAGO ¡Hijo de puta! ¿Tenemos
más almas que dar, bellaco?
¡Daca el alma!

BUITRAGO ¡Por San Pedro,
que si os asgo, hi de poltrón,
que habéis de saber si tengo
alma que daros!

GUZMÁN Buitrago,
no haya más, que llega el tiempo

de dar fin a esta comedia,
cuyo principal intento
ha sido mezclar verdades
con fabulosos intentos.

FIN DESTA COMEDIA

Comedia famosa de La casa de los celos y selvas de Ardenia

Jornada primera

Los que hablan en ella son:

Reinaldos.
Malgesí.
Roldán.
Galalón.
Emperador Carlomagno.
Angélica.
Bernardo del Carpio.
Una dueña.
Un escudero.
Argalia.
Espíritu de Merlín.
Marfisa.
Lauso, *pastor.*
Corinto, *pastor.*
Rústico, *pastor.*
Clori, *pastor.*
El temor.
La curiosidad.
La desesperación.
Los celos.
La diosa Venus.
Cupido.
Mala Fama.
Buena Fama.
Ferraguto.
Castilla.

Entra REINALDOS *y* MALGESÍ.

REINALDOS Sin duda que el ser pobre es causa desto;
pues, ¡vive Dios!, que pueden estas manos
echar a todas horas todo el resto
con bárbaros, franceses y paganos.
¿A mí, Roldán, a mí se ha de hacer esto?
Levántate a los cielos soberanos,
el confalón que tienes de la Iglesia.
O reniego, o descreo...

MALGESÍ ¡Oh, hermano!

REINALDOS ¡Oh, pesia...!

MALGESÍ Mira que suenan mal esas razones.

REINALDOS Nunca las pasa mi intención del techo.

MALGESÍ Pues, ¿por qué a pronunciallas te dispones?

REINALDOS ¡Rabio de enojo y muero de despecho!

MALGESÍ Pónesme en confusión.

REINALDOS Y tú me pones...
¡Déjame, que revienta de ira el pecho!

MALGESÍ ¡Por Dios!, que has de decirme en este instante
con quién las has.

REINALDOS Con el señor de Aglante.
Con aquese bastardo, malnacido,
arrogante, hablador, antojadizo,
más de soberbia que de honor vestido.

MALGESÍ ¿No me dirás, Reinaldos, qué te hizo?

REINALDOS ¿Que a tanto desprecio he yo venido,
que así ose atrevérseme un mestizo?
Pues ¡juro a fe que, aunque le valga Roma,
que le mate, y le guise, y me le coma!
En un balcón estaba de palacio,
y con él Galalón junto a su lado;
yo entraba por el patio, muy de espacio,
cual suelo, de mí mismo acompañado;
los dos miraron mi bohemio lacio

y no de perlas mi capelo ornado;
tomáronse a reír, y a lo que creo,
la risa fue de ver mi pobre arreo.
Subí, como con alas, la escalera,
de rabia lleno y de temor vacío;
no los hallé donde los vi, y quisiera
ejecutar en mí mi furia y brío.
Entráronse allá dentro, y, si no fuera
porque debo respeto al señor mío,
en su presencia le sacara el alma,
pequeña a tanta injuria, y débil palma.
De aquel traidor de Galalón no hago
cuenta ninguna, que es cobarde y necio;
de Roldán, sí, y en ira me deshago,
pues me conoce, y no me tiene en precio.
Pero presto tendrán los dos el pago,
pagando con sus vidas mi desprecio,
aunque lo estorbe...

MALGESÍ ¿No ves que desatinas?

REINALDOS Con aquesas palabras más me indinas.

MALGESÍ Roldán es éste, vesle aquí que sale,
y con él Galalón.

REINALDOS Hazte a una parte,
que quiero ver lo que este infame vale,
que es tenido en el mundo por un Marte.

(Entra ROLDÁN *y* GALALÓN.*)*

¡Agora, sí, burlón, que no te cale
en la estancia de Carlos retirarte,
ni a ti forjar traiciones y mentiras
para volver pacíficas mis iras!

GALALÓN Vuélvome, porque es éste un atrevido
y el decir y hacer pone en un punto.

[Vase.]

REINALDOS ¡Bien os habéis de mi ademán reído
los dos, a fe!

ROLDÁN ¡Que está loco barrunto!

REINALDOS ¿Dónde está aquel cobarde?

MALGESÍ Ya se ha ido.

REINALDOS Tuvo temor de no quedar difunto
si un soplo le alcanzara de mi boca.

ROLDÁN ¡A risa su arrogancia me provoca!
¿Con quién las has, Reinaldos?

REINALDOS ¿Yo? Contigo.

ROLDÁN ¿Conmigo? Pues, ¿por qué?

REINALDOS Ya tú lo sabes.

ROLDÁN No sé más de que siempre fui tu amigo,
pues de mi voluntad tienes las llaves.

REINALDOS Tu risa ha sido deso buen testigo;
no hay para qué tan sin porqué te alabes.
Dime: ¿puede, por dicha, la pobreza
quitar lo que nos da naturaleza?
Que yo trujera con anillos de oro
adornadas mis manos y trujera
con pompa, a modo de real decoro,
mi persona compuesta; ¿adondequiera
rindiera yo con esto al fuerte moro
o al gallardo español, que nos espera?
No; que no dan costosos atavíos
fuerza a los brazos y a los pechos bríos.
Mi persona desnuda, y esta espada,
y este indomable pecho que conoces,
ancha se harán adondequiera entrada,
como en la seca mies agudas hoces.
Mi fuerza conocida y estimada
está por todo el orbe dando voces,
diciendo quién yo soy; y así, tu burla
contra toda razón de mí se burla.
Y, porque veas que en razón me fundo,

mete mano a la espada y haz la prueba:
verás que en nada no te soy segundo,
ni es para mí el probarte cosa nueva.
¿Que de nuevo te ríes, pese al mundo?

ROLDÁN ¿Qué endiablado furor, primo, te lleva
a romper nuestras paces, o qué risa
así el aviso tuyo desavisa?

MALGESÍ Dice que dél hiciste burla cuando
entraba por el patio de palacio,
su poco fausto y soledad mirando,
y su bohemio, por antiguo, lacio.
Pensólo, y, su estrecheza contemplando,
y creyendo la burla, en poco espacio
la escalera subió; y, si allí os hallara,
en llanto vuestra risa se tornara.

ROLDÁN Hiciera mal, porque por Dios os juro
que no me pasó tal por pensamiento;
y desto puede estar cierto y seguro,
pues yo lo digo y más con juramento.
Al pilar de la Iglesia, al fuerte muro,
al amparo de Francia y al aliento
de los pechos valientes, ¿quién osara,
aunque en ello la vida le importara?

Esta disculpa baste, ¡oh primo amado!,
para templar vuestra no vista furia;
que no es costumbre de mi pecho honrado
hacer a nadie semejante injuria.
Y más a vos, que solo habéis ganado
más oro que tendrá y tiene Liguria,
si es que la honra vale más que el oro
que en Tíbar cierne el mal vestido moro.

Dadme esa mano, ¡oh primo!, porque, en uno
estas dos que imagino sin iguales,
no siento yo que habrá valor alguno
que de su puerta llegue a los umbrales.

(*Vuelve* GALALÓN *con el* EMPERADOR CARLOMAGNO.)

EMPERADOR ¿Que así comenzó a hablar el importuno,
y descubrió en el modo indicios tales,
que presto de la lengua desmandada
pasaría la cólera a la espada?

GALALÓN No los pongas en paz, porque es prudencia,
y en materia de estado esto se advierte,
tener a tales dos en diferencia,
que son ministros de tu vida y muerte;
que, habiendo entre dos grandes competencia
y entre dos consejeros, de tal suerte
el uno y otro a sus contrarios temen,
que es fuerza que en virtud ambos se estremen,
por temor de las ciertas parlerías
que te podrá decir aquél de aquéste;
y no desprecies las razones mías,
si no quieres que caro no te cueste.

EMPERADOR No están de aquel talante que decías.
Di: ¿Roldán no es aquel? ¿Reinaldos, este?
En paz están, y asidos de la mano.

GALALÓN Señores, ¿no habéis visto a Carlomano?

ROLDÁN ¡Oh grande emperador!

EMPERADOR ¡Oh amados primos!
¿Habéis tenido algún enojo acaso?

ROLDÁN Sin padrinos los dos nos avenimos
cuando torcemos de amistad el paso.
Muchas veces confieso que reñimos,
mas ninguna de veras.

GALALÓN A hablar paso
Reinaldos y sin cólera, no hiciera
que nuestro emperador aquí viniera;
que yo le truje imaginando, cierto,
que estábades los dos ya en gran batalla.

MALGESÍ Holgáraste que el uno fuera muerto,

y aun los dos; que este intento en ti se halla.

EMPERADOR Tu temor ha salido en todo incierto.
De lo que a mí me place, es que la malla
y los aceros destos dos varones
requieren más honrosas ocasiones.

ROLDÁN Reinaldos, no le tengas ojeriza
a Galalón, que a fe que es nuestro amigo.

MALGESÍ ¡Así le viese yo hecho ceniza,
o de la suerte que en mi mente digo!
Éste es el soplo que aquel fuego atiza
y enciende, por quien siempre es enemigo
nuestro buen rey de nuestro buen linaje.

REINALDOS ¡Cuán sin aliento viene aqueste paje!

PAJE Señor, si quieres ver una ventura,
que en la vida se ha visto semejante,
ponte a ese corredor: que te aseguro
que es aventicio hermoso y elegante.

REINALDOS ¡Donoso ha estado el paje!

PAJE Yo lo juro
por vida de mi padre. Trae delante
una diosa del cielo dos salvajes
que sirven de escuderos y de pajes;
una que debe ser su bisabuela
viene detrás sobre una mula puesta.
Digo que es cosa de admirar. Mas hela
do asoma: ved si viene bien compuesta.

MALGESÍ ¿Si viene con mistura de cautela
tan grande novedad?

EMPERADOR Poco te cuesta
saberlo si tu libro traes a mano.

MALGESÍ Aquí le tengo, y el saberlo es llano.

(Apártase MALGESÍ *a un lado del teatro, saca un libro pequeño, pónese a leer en él, y luego sale una figura de demonio por lo hueco del teatro y pónese al lado de* MALGESÍ*; y han de haber*

comenzado a entrar por el patio ANGÉLICA *la bella, sobre un palafrén, embozada y la más ricamente vestida que ser pudiere; traen la rienda dos salvajes, vestidos de yedra o de cáñamo teñido de verde; detrás viene una dueña sobre una mula con gualdrapa: trae delante de sí un rico cofrecillo y a una perrilla de falda; en dando una vuelta al patio, la apean los salvajes, y va donde está el* EMPERADOR, *el cual, como la vee, dice:)*

EMPERADOR Digo que trae gallarda compostura
y que es gallardo el traje y peregrino,
y que si llega al brío la hermosura,
que pasa de lo humano a lo divino.

MALGESÍ ¿Aventura es aquésta? Es desventura.

EMPERADOR ¿Qué dices, Malgesí?

MALGESÍ No determino
aún bien lo que es.

EMPERADOR Pues mira más atento.

MALGESÍ Ya procuro cumplir tu mandamiento.

EMPERADOR Salid a la escalera a recebilla,
y traed a la dama a mi presencia.

REINALDOS Cierto que es ésta estraña maravilla.

MALGESÍ Cierto que no yerra aquí mi ciencia.

EMPERADOR ¿Qué es eso, Malgesí?

MALGESÍ Darás a oílla
gratos oídos, pero no creencia;
que esta dama que ves... Aún no sé el resto;
escúchala, que yo lo sabré presto.

(Entra en el teatro ANGÉLICA *con los salvajes y la* DUEÑA, *acompañada de* REINALDOS, ROLDÁN *y* GALALÓN; *viene* ANGÉLICA *embozada.)*

ANGÉLICA Prospere el alto cielo,
poderoso señor, tu real estado,
y seas en el suelo
por uno y otro siglo prolongado
de tan rara ventura,

que del tiempo mudable esté segura.
Puesto que tu presciencia
de un sí cortés me tiene asegurada,
no osaré sin licencia
decirte, ¡oh gran señor!, una embajada,
que aumentará la fama
que a tanto prez y a tanto honor te llama.

EMPERADOR Decid lo que os pluguiere.

ANGÉLICA Hizo verdad tu sí mi pensamiento.
Presta a lo que dijere,
sagrado emperador, oído atento,
y préstenmele aquéllos
a quien la gola señaló sus cuellos.
Soy única heredera
del gran rey Galafrón, cuyo ancho imperio
deste mar la ribera,
ni aun casi la mitad del hemisferio,
sus límites describe;
que en otros mares y otros cielos vive.
A su grandeza iguala
su saber, en el cual tuvo noticia
ser mi ventura mala,
si así como el estado real codicia,
a varón me entregase
que en sangre y en grandeza me igualase.
Halló por cierto y llano
que el que venciese en singular batalla
a un mi pequeño hermano
que viste honrosa, aunque temprana malla,
éste, cierto, sería
bien de su reino y la ventura mía.
Por provincias diversas
he venido con él, donde he tenido
ya prósperas, ya adversas
venturas, y a la fin me he conducido

a este reino de Francia,
donde tengo por cierta mi ganancia.
De Ardenia en las umbrosas
selvas queda mi hermano, allí esperando
quien, ya por codiciosas
prendas, o esta belleza deseando,

(Desembózase.)

su fuerte brazo pruebe;
y es lo que he de decir lo que hacer debe.
Quien fuere derribado
del golpe de la lanza, ha de ser preso,
porque le está vedado
poner mano a la espada; y es expreso
del rey este mandato,
o, por mejor decir, concierto y pacto.
Y si tocare el suelo
mi hermano, quedará quien le venciere
levantado a mi cielo,
o noble sea, o sea el que se fuere,
y no de otra manera.

MALGESÍ ¡Qué bien que lo relata la hechicera!

ANGÉLICA ¡Ea, pues, caballeros!,
quien reinos apetece y gentileza,
aprestad los aceros,
que a poco precio venden la belleza
que veis, venid en vuelo.

ROLDÁN ¡Por Dios, que encanta!

REINALDOS Admira, ¡vive el cielo!

ANGÉLICA Ya te he dicho mi intento.
Conviéneme que dé la vuelta luego.

(Éntrase la SOMBRA.*)*

EMPERADOR Deteneos un momento,
si es que puede con vos mi mando o ruego,

porque seáis servida
según vuestra grandeza conocida.

ANGÉLICA — Lo imposible me pides;
dame licencia y queda en paz.

EMPERADOR — Pues veo
que a tu gusto te mides,
en buen hora te vuelve, y el deseo
de servirte recibe.

MALGESÍ — ¡El mismo engaño en esta falsa vive!

(Vase ANGÉLICA *y su compañía.)*

REINALDOS — ¿Para qué vas tras ella,
Roldán?

ROLDÁN — Son escusadas tus demandas.

REINALDOS — Yo solo he de ir con ella.

ROLDÁN — ¡Qué impertinente y qué soberbio andas!

REINALDOS — ¡Detente, no la sigas!

ROLDÁN — Reinaldos, bueno está; no me persigas.

MALGESÍ — Deténlos, no los dejes;
haz, señor, que se prenda aquella maga.

REINALDOS — Como de aquí te alejes,
daréte de tu intento justa paga.

EMPERADOR — ¿Qué desvergüenza es ésta?

MALGESÍ — Manda prender aquella deshonesta,
que será, a lo que veo,
la ruina de Francia en cierto modo.

ROLDÁN — Cumpliré mi deseo
a tu pesar, y aun al del mundo todo.

REINALDOS — Camina, pues, y guarte.

EMPERADOR — Acaba, Malgesí, de declararte.

MALGESÍ — Ésta que has visto es hija
del Galafrón, cual dijo; mas su intento,
que el cielo le corrija,
es diferente del fingido cuento,
porque su padre ordena

tener tus Doce Pares en cadena;
y, si los prende, piensa
venir sobre tu reino y conquistalle;
y trázase esta ofensa
con enviar su hijo y adornalle
con una hermosa lanza,
con que de todos la vitoria alcanza.
La lanza es encantada,
y tiene tal virtud, que, aquel que toca,
le atierra, y es dorada;
por eso pide aquella infame y loca
que la espada no prueben
los que a la empresa con valor se atreven.
Por añagaza pone
aquella incomparable hermosura,
que el corazón dispone
aun de la más cobarde criatura
para que el hecho intente,
do, aunque se pierda, nunca se arrepiente.
Serán tus Doce Pares
presos si no lo estorbas, señor mío,
y otros muchos millares
de los tuyos que tienen fuerza y brío
para mayores cosas.

EMPERADOR — Las que has contado son bien espantosas;
mas no sé remediallas,
y es porque no las creo. A ti te queda
creellas y estorballas.

MALGESÍ — Haré cuanto mi industria y ciencia pueda.

GALALÓN — No son muy verdaderos,
a decirte verdad, tus consejeros.

(*Éntrase el* EMPERADOR *y* GALALÓN.)

MALGESÍ — Mi hermano va enojado
con Roldán; estorbar quiero su daño.

En laberinto he entrado
que apenas saldré dél. ¡Oh ciego engaño,
oh fuerza poderosa
de la mujer que es, sobre falsa, hermosa!

(Éntrase MALGESÍ, *y entra* BERNARDO DEL CARPIO, *armado, y tráele la celada un* VIZCAÍNO, *su escudero, con botas y fieltro y su espada.)*

BERNARDO Aquí, fuera de camino,
podré reposar un poco.

VIZCAÍNO Señor sabio, que estás loco,
tino vuelves desatino.
Vizcaíno que escudero
llevas contigo, te avisa
camines no tanta prisa,
paso lleves de arriero.
Tierra buscas, tierra dejas,
tanta parece hazaña,
pues, metiendo en tierra estraña,
por Dios, de propria te alejas.
Bien que en España hay que hacer;
moros tienes en fronteras,
tambores, pitos, banderas
hay allá; ya puedes ver.

BERNARDO ¿Ya no te he dicho el intento
que a esta tierra me ha traído?

VIZCAÍNO Curioso mucho atrevido
goza nunca pensamiento.
Bien podrás, bien podrás,
dejar mala tanto hazaña;
a las de guerra y España
llama.

BERNARDO Ya te entiendo, Blas.

VIZCAÍNO Bien es que sepas de yo
buenos que consejos doy;

que, por Juan Gaicoa, soy
vizcaíno; burro, no.
Señor, mira, si es que ver
poder quieres del francés,
camino aqueste no es
derecho; puedes volver.

BERNARDO
Dicen que estas selvas son
donde se hallan de contino,
por cualquier senda o camino,
venturas de admiración,
y que en la mitad o al fin,
o al principio, o no sé dónde,
entre unos bosques se esconde
el gran padrón de Merlín,
aquel grande encantador,
que fue su padre el demonio.

VIZCAÍNO
Echado está testimonio,
y levántanle, señor.

BERNARDO
Hele de buscar y hallar,
si mil veces rodease
estas selvas.

VIZCAÍNO
Tiempo vase;
duerme, o vuelve a caminar.

BERNARDO
Vuelve, y ve si Ferraguto
viene, que se quedó atrás,
y a do quedo le dirás.

VIZCAÍNO
Escudero siempre puto.

BERNARDO
Dura y detestable guerra,
por sólo aquesto eres buena:
que en pluma vuelves la arena,
y en blanda cama la tierra.
Tú ofreces, doquier que estás,
anchos y estendidos lechos,
si no es que hay campos estrechos
por donde los pasos das.

Eres un cierto beleño
que, entre cuidados y enojos,
ofreces siempre a los ojos
blando, aunque forzoso sueño.
Eres de su calidad,
según muestra la experiencia,
madre de la diligencia,
madrastra de ociosidad.
Venid acá vos, cimera,
rica y estremada pieza,
y, pues sois de la cabeza,
servidme de cabecera,
que ya el sueño de rondón
va ocupando mis sentidos.
¡Bïen dicen que los dormidos
imagen de muerte son!

(Échase a dormir BERNARDO *junto al padrón de* MERLÍN, *que ha de ser un mármol jaspeado, que se pueda abrir y cerrar, y a este instante parece encima de la montaña el mancebo* ARGALIA, *hermano de* ANGÉLICA *la bella, armado y con una lanza dorada.)*

ARGALIA

Mucha tierra se descubre
de encima desta montaña:
de aquesta parte es campaña,
de estotra el bosque la cubre;
allí el camino blanquea,
y hasta París va derecho.
¡Si mi hermana hubiese hecho
el gran caso que desea!
Mas, si no me miente acaso
la vista, aquélla es, sin duda,
que el camino trueca y muda,
y hacia aquí endereza el paso.
Los palafrenes envía

por el camino real.
En cuanto hace, no hace mal;
recebirla es cortesía.

(Éntrase ARGALIA *y sale* ANGÉLICA *con los salvajes y la* DUEÑA.*)*

ANGÉLICA Cierto que es esta la senda,
o no acierto bien las señas,
y a la vuelta destas peñas
sin duda está nuestra tienda.

DUEÑA ¿Cuándo, señora, veremos
el fin de nuestros caminos?
¿Cuándo destos desatinos
a buen acuerdo saldremos?
¿Cuándo me veré, ¡ay de mí!,
con mi almohadilla, sentada
en estrado y descansada,
como algún tiempo me vi?
¿Cuándo dejaré de andar,
cuando el sol salga o tramonte,
deste monte en aquel monte,
de un lugar a otro lugar?
¿Cuándo de mis redomillas
veré los blancos afeites,
las unturas, los aceites,
las adobadas pasillas?
¿Cuándo me daré un buen rato
en reposo y sin sospecha?
Que traigo esta cara hecha
una suela de zapato.
Los crudos aires de Francia
me tienen de aqueste modo.

ANGÉLICA Calla, que bien se hará todo.

DUEÑA No te arriendo la ganancia;
que según yo vi el denuedo
de aquellos dos paladines,

de tus caminos y fines
esperar buen fin no puedo.

ANGÉLICA
No atinas con la verdad;
calla, que mi hermano viene.

(Entra ARGALIA.*)*

ARGALIA
¡Oh rico archivo, do tiene
sus tesoros la beldad!
¿Cómo vienes, y en qué modo
has salido con tu intento?

ANGÉLICA
Midióse a mi pensamiento
la ventura casi en todo.
Vámonos al pabellón,
que allí, de espacio y sentada,
contaré de mi embajada
el principio y conclusión.

ARGALIA
Bien dices, hermana; ven,
que bien cerca de aquí está.

DUEÑA
La triste que cual yo va,
yo sé que no va muy bien;
que de la madre me aprieta
un gran dolor en verdad.
Todo aquesto es frialdad
deste andar a la jineta.

(Éntranse todos, sino es BERNARDO, *que aún duerme; suene música de flautas tristes; despierta* BERNARDO, *ábrese el padrón, pare una figura de muerto, y dice:)*

ESPÍRITU
Valeroso español, cuyo alto intento
de tu patria y amigos te destierra,
vuelve a tu amado padre el pensamiento,
a quien larga prisión y escura encierra.
A tal hazaña es gran razón que atento
estés, y no en buscar inútil guerra
por tan remotas partes y escusadas,

adonde son las dichas desdichadas.
Tiempo vendrá que del francés valiente,
al margen de los montes Pireneos,
bajes la altiva y generosa frente
y goces de honrosísimos trofeos.
Sigue de tu ventura la corriente,
que iguala al gran valor de tus deseos;
verás como te sube tu fortuna
sobre la faz convexa de la luna.
Por ti tu patria se verá en sosiego,
libre de ajeno mando y señorío;
tú serás agua al encendido fuego
que arde en el pecho que de casto es frío.
Deja estas selvas, do caminas ciego,
llevado de un curioso desvarío.
Vuelve, vuelve, Bernardo, a do te llama
un inmortal renombre y clara fama.
De Merlín el espíritu encantado
soy, que aquí yago en esta selva obscura,
del cielo para bien y mal guardado,
aunque en mis males siempre se conjura;
y no seré deste lugar llevado
a la negra región do el llanto dura,
hasta que crucen estas selvas fieras
muchas y cristianísimas banderas.
Mil cosas se me quedan por contarte,
que otra vez te diré, porque ahora importa
detrás de aquestas ramas ocultarte,
donde será tu estada breve y corta.
A dos, que cada cual por sí es un Marte,
pondrás en paz, o mostrarás que corta
tu espada. Y, sin hablar, haz lo que digo,
y entiende que te soy y seré amigo.

(Ciérrase el padrón, éntrase en él BERNARDO *sin hablar palabra, y luego sale* REINALDOS.*)*

REINALDOS En vano mis pasos muevo
pues, entre estas flores tantas
no hay señales de las plantas
que por guía y norte llevo.
Que si aquí hubieran pisado,
claro estaba que este suelo
fuera un traslado del cielo,
de varias lumbres pintado.
¿Qué flor tocará la bella
planta, a mí tan dulce y cara,
que luego no se tornara,
o ya en sol, o en clara estrella?
Lejos estoy del camino
que a do está mi cielo guía,
pues este suelo no envía,
o luz clara, o olor divino.
Mas ya no tendré pereza
en buscar este sol bello,
pues me han de guiar a vello
ya su luz, ya su belleza.
Pero, ¿qué es esto, que el sueño
así me acosa y aprieta?
¡Oh fuerza libre, sujeta
a fuerzas de tan vil dueño!
Aquí me habré de acostar,
al pie deste risco yerto,
haciendo imagen de un muerto,
pues estoy para espirar.

(Recuéstase REINALDOS, *pone el escudo por cabecera,
y entra luego* ROLDÁN *embrazado de el suyo.)*

ROLDÁN ¡Tantas vueltas sin provecho!
¿Dónde, ¡oh sol!, te tramontaste
después que tu luz dejaste

en lo mejor de mi pecho?
    Descúbrete, sol hermoso,
que voy buscando tu lumbre
por el llano y por la cumbre,
desalentado y ansioso.
    ¡Oh, Angélica, luz divina
de mi humana ceguedad,
norte cuya claridad
a nuevo ser me encamina!
    ¿Cuándo te verán mis ojos,
o cuándo, si no he de verte,
vendrá la espantosa muerte
a triunfar de mis despojos?
    Mas, ¿quién es este holgazán
que duerme con tal remanso?
No hay quien no viva en descanso
sino el mísero Roldán.
    ¿Qué es esto? Reinaldos es
el que yace aquí dormido.
¡Oh primo, al mundo nacido
para grillos de mis pies,
    para esposas de mis manos,
para infierno de mis glorias,
para opuesto a mis vitorias,
para hacer mis triunfos vanos,
    para acíbar de mi gusto!
Mas yo haré que no lo seas:
sin que el mundo ni tú veas
que paso el término justo,
    quitarte quiero la vida.
Mas, ¡ay, Roldán! ¿Cómo es esto?
¿Ansí os arrojáis tan presto
a ser traidor y homicida?
    ¿Qué decís, mal pensamiento?
¿Decísme que es mi rival,

y que consiste en su mal
todo el bien de mi tormento?
Sí decís; mas yo sé, al fin,
que el que es buen enamorado
tiene más de pecho honrado
que de traidor y de ruin.
Yo fui Roldán sin amor,
y seré Roldán con él,
en todo tiempo fiel,
pues en todo busco honor.
Duerme, pues, primo, en sazón;
que arrimo te sea mi escudo;
que, aunque amor vencerme pudo,
no me vence la traición.
El tuyo quiero tomar,
porque adviertas, si despiertas,
que amistades que son ciertas
nadie las puede turbar.

(Échase ROLDÁN *junto a* REINALDOS *y pone a su cabecera el escudo de* REINALDOS*, y luego despierta* REINALDOS*.)*

REINALDOS ¡Angélica! ¡Oh estraña vista!
¿No es Roldán este que veo,
y el que del bien que deseo
procura hacer la conquista?
Él es; pero, ¿quién me puso
su escudo para mi arrimo?
Tu cortés bondad, ¡oh primo!,
sin duda que esto dispuso.
Bien me pudieras matar,
pues durmiendo me hallaste,
por quitar aquel contraste
que en mi vida has de hallar;
empero tu cortesía
más que amor pudo en tu pecho,

por la costumbre que has hecho
de hacer actos de hidalguía.
Mas, ¿si fue por menosprecio
el dejarme con la vida?
No, por ser cosa sabida
que yo soy hombre de precio;
y tú mismo lo has probado
una y otra vez y ciento.
No atino cuál pensamiento
tenga por más acertado:
si me deja de arrogante,
o si fue por amistad;
que tal vez la deslealtad
vive en el celoso amante.
¡Oh! Si aquéste me dejase
señero en mi pretensión,
con el alma y corazón,
¡vive Dios!, que le adorase;
pero si no, no imagines,
primo, que por tu bondad
dejará mi voluntad
de seguir sus dulces fines.
Y de aquesta intención mía
no me debes de culpar,
porque el amor y el reinar
nunca admiten compañía.
Seguramente a mi lado
pudiste echarte a dormir,
pues no se puede herir
un hombre que es encantado;
y así, la ocasión quitaste
que tu sueño me ofrecía,
para usar la cortesía
de que tú conmigo usaste.
Pero, despierto, veremos

tu intención a dó se inclina;
y si donde yo camina,
pondré medio en sus estremos.
    Irá el parentesco afuera,
la cortesía a una parte,
si bajase el mismo Marte
a impedirlo de su esfera.
    ¡Ah, Roldán! ¡Roldán, despierta!,
que es gran descuido el que tienes,
y más si, por dicha, vienes
donde mi sospecha acierta.
    Toma tu escudo, y el mío
me vuelve. ¡Despierta agora!

ROLDÁN *[Soñando.]*
¡Ay, Angélica, señora
de mi vida y mi albedrío!
    ¿A dó se esconde tu faz
que todo mi bien encierra?

REINALDOS Declarada es nuestra guerra,
y perdida nuestra paz.
    ¡Roldán, acaba, levanta;
destroquemos los escudos!

ROLDÁN *[Soñando.]*
¡Con qué dulces, ciegos nudos
me añudaste la garganta;
    la voluntad decir quiero,
Y el alma que te entregué!

REINALDOS ¡Si no despiertas, a fe
que te despierte este acero,
    y aun te mate, pues me matas,
ahora duermas, ahora veles!
Estos intentos crueles
nacen de entrañas ingratas.
    Estoy por dejar de ser
quien soy. ¡Acudid al punto,

respetos, que está difunto
mi acertado proceder!
¡Ansias que me consumís,
sospechas que me cansáis,
recelos que me acabáis,
celos que me pervertís!

(ROLDÁN *despierta.*)

ROLDÁN Reinaldos, ¿qué quies hacer?
REINALDOS ¡Deshacerme, o deshacerte!
ROLDÁN ¿Quieres, primo, darme muerte?
REINALDOS Tu vida está en mi querer.
ROLDÁN ¿Cómo en mi querer?
REINALDOS Dirélo:
no más de en querer decirme
si vienes a perseguirme
en la busca de mi cielo;
si es tu venida a buscar
a Angélica. ¿No me entiendes?
ROLDÁN ¿De saber lo que pretendes...?
REINALDOS ¡Acabarte, o acabar!
ROLDÁN ¿Tanto el vivir te embaraza,
que tras tu muerte caminas?
REINALDOS Profeta falso, adivinas
el mal que así te amenaza.
ROLDÁN Contigo las cortesías
siempre fueron por demás.
REINALDOS Dame mi escudo, y verás
como siempre desvarías.
Si a París no te vuelves,
verás también en un punto
tu culpa y castigo junto.
ROLDÁN ¡Fácilmente te resuelves!
Ni a París he de volver,
ni a Angélica he de dejar.

Mira qué quieres.

REINALDOS — Cortar
tu insolente proceder.
¡Desharéte entre mis brazos,
aunque seas encantado!

ROLDÁN — ¡Eres villano atestado,
y quieres luchar a brazos!

REINALDOS — ¡Mientes! Y ven con la espada,
que, aunque seas de diamante,
verás, infame arrogante,
mi verdad averiguada!

(Vanse a herir con las espadas; salen del hueco del teatro llamas de fuego, que no los deja llegar.)

ROLDÁN — Bien sé que anda por aquí,
temeroso de tu muerte,
mas no ha de poder valerte,
tu hechicero Malgesí;
que pasaré de Aqueronte
la barca por castigarte.

REINALDOS — Yo pondré por alcanzarte
un monte sobre otro monte;
arrojaréme en el fuego,
como ves que aquí lo hago.

ROLDÁN — No te deja dar tu pago
tu hermano.

REINALDOS — ¡Pues dél reniego!

(Dice el espíritu de MERLÍN:*)*

ESPÍRITU — Fuerte Bernardo, sal fuera,
y a los dos en paz pondrás.

(Sale BERNARDO.*)*

BERNARDO — ¡Caballeros, no haya más!
¡Guerreros fuertes, afuera!

REINALDOS ¿Hate el cielo aquí llovido?
¿Qué quieres, o qué nos mandas?
BERNARDO Son tan justas mis demandas,
que he de ser obedecido.
Y es que dejéis la dudosa
lid de tan esquivo trance.
REINALDOS Tú has echado muy buen lance,
y la demanda es donosa.
¿Eres español, a dicha?
BERNARDO Por dicha, soy español.
REINALDOS Vete, porque sólo el sol
ha de ver nuestra desdicha;
que no queremos testigos
más que el sol en la lid nuestra.
BERNARDO No me he de ir sin que la diestra
os deis de buenos amigos.
ROLDÁN ¡Pesado estás!
BERNARDO Más pesados
estáis los dos, si advertís.
REINALDOS Español, ¿cómo no os is?
BERNARDO Por corteses o rogados,
vuestra quistión, por ahora,
no ha de pasar adelante.
ROLDÁN Yo soy el señor de Aglante.
REINALDOS Yo, Reinaldos.
BERNARDO Sea en buen hora;
que ser quien sois os obliga
a conceder con mi ruego.
ROLDÁN Esa razón no la niego.
REINALDOS Este español me atosiga;
que siempre aquesta nación
fue arrogante y porfiada.
ROLDÁN Señor, pues que no os va nada,
no impidáis nuestra quistión;
dejadnos llevar al fin
nuestro deseo, que es justo.

BERNARDO — Aquése fuera mi gusto,
a serlo así el de Merlín.

ROLDÁN — ¡Oh cuerpo de San Dionís,
con el español marrano!

BERNARDO — ¡Mientes, infame villano!

REINALDOS — A plomo cayó el mentís.
¡Afuera, Roldán, no más!

ROLDÁN — ¡Deja, que me abraso en ira!
¿Qué es esto? ¿Quién me retira?
¿El pie de Roldán atrás?
¿Roldán el pie atrás? ¿Qué es esto?
¡Ni huyo, ni me retiro!

REINALDOS — De Merlín es este tiro.

BERNARDO — Pues yo haré que huyáis presto.

(Vase retirando ROLDÁN *hacia atrás, y sube por la montaña como por fuerza de oculta virtud.)*

REINALDOS — ¡Por cierto, a gentiles manos
te ha traído tu fortuna!

BERNARDO — Manos, yo no veo ninguna;
pies, sí, ligeros y sanos,
y que os importa tenellos
para huir de mi presencia.

REINALDOS — ¡Sin igual es tu insolencia!

(Sube BERNARDO *por la peña arriba, siguiendo a* ROLDÁN, *y va tras él* REINALDOS. *Sale* MARFISA, *armada ricamente; trae por timbre una ave Fénix y una águila blanca pintada en el escudo, y, mirando subir a los tres de la montaña, con las espadas desnudas y que se acaban de desparecer, dice:)*

MARFISA — ¿Si se combaten aquéllos?
Si hacen, ponerlos quiero
en paz, si fuere posible.
¡Oh, qué montaña terrible!
Subir por ella no espero,
ni podré a caballo ir,

aunque le vuelva a tomar;
mas, con todo, he de probar
el trabajo del subir.

Bien se queda en la espesura
mi caballo hasta que vuelva;
nunca falta en esta selva
o buena o mala ventura.

(Sube MARFISA *por la montaña, y vuelven a salir al teatro, riñendo,* ROLDÁN, BERNARDO *y* REINALDOS.*)*

ROLDÁN
No sé yo cómo sea
que contra ti no tengo alguna saña,
ni puedo en tal pelea
mover la espada. ¡Cosa es ésta estraña!

BERNARDO
La razón que me ayuda
pone tus fuerzas y tu esfuerzo en duda.

REINALDOS
De Merlín es el hecho,
que no hay razón que valga con su encanto;
que, aunque fuera su pecho
león en furia y en dureza un canto,
si hechiceros no hubiera,
nunca mi primo atrás el pie volviera.

(Entra ANGÉLICA, *llorando, y con ella el* VIZCAÍNO, *escudero de* BERNARDO.*)*

VIZCAÍNO
¡Pardiós, echóte al río!
¡Tienes Granada, bravo Ferraguto!

ANGÉLICA
¡Ay, triste hermano mío!

ROLDÁN
¿Por qué ese cielo al suelo da tributo
de lágrimas tan bellas,
si el mismo cielo se le debe a ellas?

ANGÉLICA
Un español ha muerto
a mi querido hermano; y es un moro
que no guardó el concierto
debido a la milicia y su decoro,
y arrojóle en un río.

ROLDÁN ¿Quién es el moro?
BERNARDO Es un amigo mío.
ROLDÁN ¿Amigo tuyo? ¡Oh perro,
tú llevarás de su maldad la pena!
REINALDOS Roldán, no hagas tal yerro;
deja a mí el castigo.
ANGÉLICA Aquí se ordena
mi muerte, y más desdicha
si de los dos me coge alguno, a dicha.
A esta selva escura
quiero entregar ya mis ligeras plantas,
mi guarda y mi ventura.
BERNARDO ¿Cómo, Reinaldos, di, no te adelantas
a herirme con tu primo?
Por la honra, la vida en poco estimo.

(Sale MARFISA, *poniendo paz y poniendo mano a la espada; éntrase huyendo* ANGÉLICA.*)*

MARFISA ¿Qué es esto? ¡Afuera, afuera;
afuera, caballeros!, que os lo pide
quien mandarlo pudiera;
que, si no es que mi luz la vista impide,
mirando esta divisa,
veréis que soy la sin igual Marfisa.
VIZCAÍNO La puta, la doncella,
se es ida.
ROLDÁN ¡Oh nunca vista desventura!;
forzoso he de ir tras ella.
REINALDOS Yo sí; tú no.
ROLDÁN ¡Notable es tu locura!
REINALDOS No muevas de aquí el paso.
ROLDÁN No hago yo de tus locuras caso.
REINALDOS ¡Por Dios que, si te mueves,
que te haga pedazos al instante!
ROLDÁN ¿Que a estorbarme te atreves,
fanfarrón, pordiosero y arrogante?

¿Cómo te estás tan quedo?
¡Que no me tenga este cobarde miedo!

(*Éntrase* ROLDÁN.)

VIZCAÍNO	Señor, déjale vaya;
que pues no por allí, que por la senda
quedan arraz, en playa
poned a la dama.
MARFISA	¿Por qué fue la contienda?
BERNARDO	Por celos sé que ha sido.
Dime: ¿Ferraguto quedó herido?
VIZCAÍNO	Bueno, puto, y qué sano.
BERNARDO	¿Con quién tuvo batalla?
VIZCAÍNO	¿Ya no oíste?
Batalla con hermano
de bella huidora, y pobre, y muerto, y triste,
de moro enojo, brío
teniendo, dio con él todo en el río,
y queda aquí aguardando
espaldas de montaña.
MARFISA	Iréte acompañando,
que quiero saber más de tu hazaña;
que descubro en ti muestras
que muestran que eres más de lo que muestras.
Y advierte que contigo
llevas a la sin par sola Marfisa,
que, en señas y testigo
que es única en el mundo, la divisa
trae de aquella ave nueva
que en el fuego la vida se renueva.
BERNARDO	Haréte compañía
subas al cielo o bajes al abismo.
MARFISA	Tan grande cortesía
no puede parecer sino a ti mismo,
y, usando deste gusto,
yo he de seguir el tuyo, que es muy justo.

Jornada segunda

Sale Lauso, *pastor, por una parte de la montaña, con su guitarra, y* Corinto, *por la otra, con otra.*

Lauso ¡Ah Corinto, Corinto!
Corinto ¿Quién me llama?
Lauso Lauso, tu amigo.
Corinto ¿Adónde estás?
Lauso ¿No miras?
Corinto Algún árbol te encubre, alguna rama,
o estás en el lugar donde suspiras
cuando Clori te muestra el rostro airado,
y en solitaria parte te retiras.
Baja, si quieres, Lauso, al verde prado,
en tanto que de Febo la carrera
declina desta cumbre al otro lado.
Cantaremos de Clori lisonjera,
al pie de un verde sauce o murto umbroso,
que pasa el pensamiento en ser ligera.
Lauso Ya abajo; pero no a buscar reposo,
sino a cumplir lo que amistad me obliga
y a pasar a la sombra el sol fogoso;
que en tanto que la dulce mi enemiga
se esté fortalecida en su dureza
no hay mal que huya ni placer que siga.

(Bajan los dos de la montaña.)

Corinto Pesado contrapeso es la pobreza
para volar de amor, ¡oh Lauso!, al cielo,
aunque tengas cien alas de firmeza.

No hay amor que se abata ya al señuelo
de un ingenio sutil, de un tierno pecho,
de un raro proceder, de un casto celo.
Granjería común amor se ha hecho,
y dél hay feria franca dondequiera,
do cada cual atiende a su provecho.

LAUSO ¡Oh Clori, para mí serpiente fiera
por mi estrecheza, aunque paloma mansa
para un alma de piedra verdadera!
¿Que es posible, cruel, que no te cansa
de Rústico el ingenio, que es de robre,
y que el tuyo estimado en él descansa?

CORINTO Vuélvese el oro más cendrado en cobre,
y el ingenio más claro en tonta ciencia,
si le toca o le tiene el hombre pobre,
y desto es buen testigo la esperiencia.
Pero escucha; que cantan en la sierra,
y aun es la voz bien para dalle audiencia.

(Canta CLORI *en la montaña, y sale cogiendo flores.)*

CLORI Derramastes el agua, la niña,
y no dijistes: «¡Agua va!»
La justicia os prenderá.

LAUSO De aquella que el placer de mí destierra
es el suave y regalado acento,
y aun quien sus gustos el amor encierra.

CORINTO Escuchémosla, pues.

LAUSO Ya estoy atento.

CLORI Derramástesla a deshora,
y fue con tan poca cuenta,
que mojastes con afrenta
al que os sirve y os adora.
Pero llegada la hora
donde el daño se sabrá,
la justicia os prenderá.

LAUSO Bien es que la ayudemos:
acuerda con el mío tu instrumento.

CORINTO Yo creo que está bien; mas, ¿qué diremos?

LAUSO Su mismo villancico, trastrocado,
cual tú sabrás hacer.

CORINTO Los dos le haremos.

(Canta CORINTO.*)*

CORINTO Cautivástesme el alma, la niña,
y tenéisla siempre allá;
el Amor me vengará.
Vuestros ojos salteadores,
sin ser de nadie impedidos,
se entraron por mis sentidos,
y se hicieron salteadores;
lleváronme los mejores,
y tenéislos siempre allá;
el Amor me vengará.

LAUSO Así, Clori gentil, te ofrezca el prado,
en mitad del invierno, flores bellas,
y cuando el campo esté más agostado;
y que siempre te halles al cogellas
con el júbilo alegre que nos muestra
la voz con que se ahuyentan mis querellas;
que esa rara beldad, que nos adiestra
a conocer al Hacedor del cielo,
en este sitio haga alegre muestra.
Volverás paraíso aqueste suelo,
y este calor que nos abrasa, ardiente,
en aura blanda y regalado yelo.

CLORI Porque no es tu demanda impertinente,
cual otras veces suele, haré tu gusto,
que es en todo del mío diferente.

CORINTO Dime, Clori gentil, ¿dó está el robusto,
el bronce, el robre, el mármol, leño o tronco

que así a tu gusto le ha venido al justo?
 Por aquel, digo, desarmado y bronco,
calzado de la frente y de pies ancho,
corto de zancas y de pecho ronco,
 cuyo dios es el estendido pancho,
y a do tiene la crápula su estancia,
él tiene siempre su manida y rancho.

CLORI

 Con él tengo, Corinto, más ganancia
que contigo, con Lauso y con Riselo,
que vendéis discreción con arrogancia.
 Rústica el alma, y rústico es el velo
que al alma cubre, y Rústico es el nombre
del pastor que me tiene por su cielo.
 Mas, por rústico que es, en fin es hombre
que de sus manos llueve plata y oro,
Júpiter nuevo, y con mejor renombre.
 Él guarda de mis gustos el decoro,
ora le envíe al blanco cita frío
o al tostado, engañoso libio moro.
 Tiene por justa ley el gusto mío,
y el levantado cuello humilde inclina
al yugo que le pone mi albedrío.
 No tiene el rico Oriente otra tal mina
como es la que yo saco de sus manos,
ora cruel me muestre, ora benigna.
 Quédense los pastores cortesanos
con la melifluidad de sus razones
y dichos, aunque agudos, siempre vanos.
 No se sustenta el cuerpo de intenciones,
ni de conceptos trasnochados hace
sus muchas y forzosas provisiones.
 El rústico, si es rico, satisface
aun a los ojos del entendimiento
y el más sabio, si es pobre, en nada aplace.
 Dirán Corinto y Lauso que yo miento,

y muestra la esperiencia lo contrario,
y Rústico lo sabe, y yo lo siento.

LAUSO Es gusto de mujeres ordinario,
en lo que es opinión, tener la parte
que más descubra ser su ingenio vario.
Quisiera dese error, Clori, sacarte;
mas ya estás pertinaz en tu locura,
y en vano será agora predicarte.

CORINTO Así, pastora, goces tu hermosura,
que me dejes hacer una esperiencia;
quizá te hará volver a tu locura.
Verás, pastora, al vivo la inocencia
de Rústico, el pastor, por quien nos dejas.

CLORI ¿Para qué es el pedirme a mí licencia?

LAUSO Paréceme que llega a mis orejas
de Rústico la voz.

CORINTO Él es, sin duda,
que a sestear recoge sus ovejas.

(RÚSTICO *parece por la montaña.)*

RÚSTICO Mirad si se cayó en aquella azuda
una oveja, pastores; corred luego,
y cada cual a su remedio acuda.
Dejad, mal hora, del herrón el juego.
Aguija, Coridón. ¡Oh, cómo corre!
¡Quién quitara a Damón de su sosiego!
Llegó; ya se arrojó; ya la socorre
y la saca en los brazos medio muerta,
y parece que un río de ambos corre.
Esta noche tú, ¡hola!, está alerta,
no venga, como hizo en la pasada,
el lobo que la cabra dejó muerta.
Tú acudirás, Cloanto, a la majada
del valle de la Enceña, y darás orden
que estén todos aquí de madrugada.

¡Oh Compo! Tú harás que se concorden
en el pasto Corbato con Francenio;
que me da pesadumbre su desorden.

CLORI ¡Mirad si tiene Rústico el ingenio
para mandar acomodado y presto!

RÚSTICO Tú acude a las colmenas, buen Partenio.
Llévese de las vacas todo el resto
al padrón de Merlín, y de las cabras
al monte o soto de ciprés funesto.

CLORI ¿Parécenos de pobre las palabras
que dice?

CORINTO Pues aquí, en esta espesura,
te has de esconder, y mira que no abras
la boca, porque importa a la aventura
que queremos probar de nuestro intento,
por ver si es suya o nuestra la locura.

CLORI Yo enmudezco y me escondo, y vuestro cuento
sea, si puede ser, breve y ligero;
que, si es pesado y grande, da tormento.

(Escóndese CLORI.*)*

LAUSO Corinto, ¿qué has de hacer?

CORINTO Estáme atento.
Rústico amigo, al llano abaja; aguija,
que es cosa que te importa; corre, corre.

RÚSTICO Ya voy, Corinto amigo; espera, espera
mientras que cuento un centenar de bueyes,
y tres hatos de ovejas, y otros cinco
de cabras desde encima deste pico
do estoy sentado. ¿No me ves?

CORINTO ¡Acaba!
¿Haces burla de mí?

RÚSTICO Por Dios, no hago;
mas yo lo dejo todo por servirte.
Vesme aquí: ¿qué me mandas?

CORINTO — Que me ayudes
a alcanzar deste ramo un papagayo
que viene del camino de las Indias,
y esta noche hizo venta en aquel hueco
deste árbol, y alcanzalle me conviene.

RÚSTICO — ¿Qué llamas papagayo? ¿Es un pintado,
que al barquero da voces y a la barca,
y se llama real por fantasía?

CORINTO — Desa ralea es éste; pero entiendo
que es bachiller y sabe muchas lenguas,
principal la que llaman bergamasca.

RÚSTICO — ¿Pues qué se ha de hacer para alcanzalle?

CORINTO — Conviene que te pongas desta suerte.
Daca este brazo, y lígale tú, Lauso,
y átale bien, que yo le ataré estotro.

RÚSTICO — ¿Pues yo no estaré quedo sin atarme?

CORINTO — Si te meneas, espantarse ha el pájaro;
y así, conviene que aun los pies te atemos.

RÚSTICO — Atad cuanto quisiéredes; que, a trueco
de tener esta joya entre mis manos,
para que luego esté en las de mi Clori,
dejaré que me atéis dentro de un saco.
Ya bien atado estoy. ¿Qué falta agora?

CORINTO — Que yo me suba encima de tus hombros,
y que Lauso, pasito y con silencio,
me ayude a levantar las verdes hojas
que cubren, según pienso, el dulce nido.

RÚSTICO — Sube, pues. ¿A qué esperas?

CORINTO — Ten paciencia;
que no soy tan pesado como piensas.

RÚSTICO — ¡Vive Dios, que me brumas las costillas!
¿Has llegado a la cumbre?

CORINTO — Ya estoy cerca.

RÚSTICO — Avisa a Lauso que las ramas mueva
pasito, no se vaya el pajarote.

LAUSO No se nos puede ir, que ya le he visto.
RÚSTICO Pregúntale, Corinto, lo que suelen
preguntar a los otros papagayos,
por ver si entiende bien nuestro lenguaje.
CORINTO ¿Cómo estás, loro, di? «¿Cómo? Cautivo».
RÚSTICO ¡Hi de puta, qué pieza! Di otra cosa.
CORINTO «¡Daca la barca, hao; daca la barca!»
RÚSTICO Y aqueso, ¿quién lo dijo?
CORINTO El papagayo.
RÚSTICO ¡Oh Clori, qué presente que te hago!
CORINTO «¡Clori, Clori, Clori, Clori, Clori!»
RÚSTICO ¿Es todavía el papagayo aquése?
CORINTO Pues, ¿quién había de ser?
RÚSTICO ¿Hasle ya asido?
CORINTO Dentro en mi caperuza está ya preso.
RÚSTICO Deciende, pues, y véndemele, amigo,
que te daré por él cuatro novillos
que aún no ha llegado el yugo a sus cervices,
no más de porque dél mi Clori goce.
LAUSO No se dará por treinta mil florines.
RÚSTICO ¡Ah, por amor de Dios, yo daré ciento!
Desatadme de aquí, porque a mi gusto
le vea y le contemple.
CORINTO Es ceremonia
que en semejantes cazas suele usarse,
que tan sola una mano se desate
del que las dos tuviere y pies atados;
con ésta suelta, puedes blandamente
alzar mi caperuza venturosa,
que tal tesoro encubre. Despabila
los ojos para ver belleza tanta.
Pasito, no le ahajes. Mas espera,
que está la mano sucia; con saliva
te la puedes limpiar.
RÚSTICO Ya está bien limpia.

CORINTO	Agora sí. ¡Dichoso aquel que llega
	a descubrir tan codiciosa prenda!
RÚSTICO	¡Donosa está la burla! Di, Corinto:
	¿es ése el papagayo?
CORINTO	Este es el pico;
	las alas, estas; estas, las orejas
	del asno de mi Rústico y amigo.
RÚSTICO	¡Desátenme, que a fe que yo me vengue!

(*Sale* CLORI.)

CLORI	¡Ah simple, ah simple!
RÚSTICO	¿Y haslo visto, Clori?
	Por ti la burla siento, y no por otri.
CLORI	Calla, que para aquello que me sirves,
	más sabes que trecientos Salomones.
	Di que se vista Lauso desta burla,
	o que compre Corinto algún tributo,
	o me envíe mañana una patena
	y unos ricos corales, como espero
	que podrás y querrás, con tu simpleza,
	enviármelos luego.
RÚSTICO	¿Y cómo, Clori?
	Y aun dos sartas de perlas hermosísimas.
CLORI	¿Compárase con esto algún soneto,
	Lauso? Y dime, Corinto: ¿habrá sonada,
	aunque se cante a tres ni aun a trecientos,
	que a la patena y sartas se compare?
LAUSO	Eres mujer y sigues tu costumbre.
CLORI	Sigo lo que es razón.
LAUSO	Será milagro
	hallarla en las mujeres.
CLORI	¿Qué razones
	puede decir la lengua que se mueve
	guiada del desdén y de los celos?
	Tú eres la causa.

(Entra ANGÉLICA, *alborotada.)*

ANGÉLICA ¡Socorredme, cielos,
si en vuestros pechos mora
misericordia alguna!
Hermosa y agradable compañía:
en mí os ofrece agora
el cielo y la fortuna,
sujeto igual a vuestra cortesía;
que, la desdicha mía
sabida, me asegura
que podrá enterneceros
y al remedio moveros,
si es que le tiene tanta desventura.

CLORI Señora, di: ¿qué tienes?

ANGÉLICA Sin tasa males, y ningunos bienes.
Pero no estoy en tiempo
en que pueda contaros
de mi dolor la parte más pequeña;
ni vuestro pasatiempo
será bien estorbaros
contando el mal que ablandará esta peña.
¿No hay por aquí una breña
donde me esconda, amigos?

LAUSO Luego, ¿quies esconderte?
¿Quién podrá aquí ofenderte?

ANGÉLICA Persíguenme dos bravos enemigos.

CORINTO ¿No somos tres nosotros?

ANGÉLICA Ni aun a tres mil no temerán los otros.
Llevadme a vuestras chozas,
mudadme este vestido;
amigos, escondedme.

LAUSO No te espantes.
¿Para qué te alborozas,
si has a parte venido

do se estiman en poco los gigantes?
Montalbanes y Aglantes
se tienen aquí en nada;
porque, ¡por Dios!, si quiero,
que los compre a dinero.

ANGÉLICA ¡Hoy acaba mi vida su jornada!

CORINTO ¿Quieres que te escondamos?

RÚSTICO ¿Dice que sí?

LAUSO Pues, ¡sus!, ¿en qué tardamos?
Ven; mudarás de traje
y de lugar y todo.

ANGÉLICA De mis contrarios casi veo la sombra.

CORINTO Parece de linaje,
y su habla y su modo
a mí me admira.

RÚSTICO Pues a mí me asombra.

(Éntrase ANGÉLICA *y* LAUSO.*)*

¿Sabéis cómo se nombra?

CORINTO Pues, ¿cómo he de sabello?

RÚSTICO Busca algún nuevo ensayo.

CORINTO Buscaré un papagayo
que me lo diga.

CLORI Ganarás en ello.

CORINTO Ganarás tú patenas.

CLORI Siempre tus burlas para mí son buenas.

(Éntranse todos, y sale REINALDOS.*)*

REINALDOS ¿Eres Dafne, por ventura,
que de Apolo va huyendo,
o eres Juno, que procura
librarse del monstruo horrendo
cerrada en la nube obscura?
¡Oh selvas de encantos llenas,
do jamás se ha visto apenas

cosa en su ser verdadero,
contar de vosotras quiero
aun las menudas arenas!

Quizá esta fiera homicida,
que cual sombra desparece
porque padezca mi vida,
adonde menos se ofrece
la tendrá amor escondida.

De nuevo vuelvan mis plantas
a buscar entre estas plantas
a la bella fugitiva.
¡Dura ocasión, que yo viva
muriendo de muertes tantas!

(Crujidos de cadenas, ayes y suspiros dentro.)

¡Válgame Dios! ¿Qué ruido
es este que suena estraño?
¿Estoy despierto, o dormido?
¿Engáñome o no me engaño?
Otra vez llega al oído.

De entre estas hojas entiendo
que sale el horrible estruendo.
Mas, ¡ay!, ¿qué boca espantosa,
terrible y estraña cosa,
es aquesta que estoy viendo?

Mientras más vomitas llamas,
boca horrenda o cueva oscura,
más me incitas y me inflamas.
A ver si en esta aventura
para algún buen fin me llamas.

(Descúbrese la boca de la sierpe.)

Acógeme allá en tu centro,
porque por tus fuegos entro
a tu estómago de azufre.

*(*MALGESÍ*, vestido como diré; sale por la boca de la sierpe.)*

MALGESÍ ¿Adónde aquesto se sufre?
REINALDOS ¡Este sí que es mal encuentro!
¿Quién eres?
MALGESÍ Soy el Horror,
portero de aquesta puerta,
adonde vive el temor
y la sospecha más cierta
que engendra el cielo de amor.
Soy ministro de los duelos,
embajador de los celos,
que habitan en esta cueva.
REINALDOS Pues adonde están me lleva.
MALGESÍ Espera, y avisarélos.
Mas primero has de mirar
las guardas que puestas tiene
en este triste lugar,
y esto es lo que te conviene.
REINALDOS Comiénzalas a mostrar;
que, aunque me muestras cifrados
en ellas los condenados
rostros que encierra el abismo,
seré en este trance el mismo
que he sido en los regalados.

(Suena dentro música triste, como la pasada del padrón; sale el TEMOR*, vestido como diré: con una tunicela parda, ceñida con culebras.)*

MALGESÍ Esta figura que ves
es el Temor sospechoso,
que engendra ajeno interés,
impertinente curioso,
que mira siempre al través;
y así, el mezquino se admira

de cada cosa que mira,
ora sea mala o buena;
la verdad le causa pena,
y tiembla con la mentira.

(Sale la SOSPECHA, *con una tunicela de varias colores.)*

Esta es la infame Sospecha,
de los Celos muy parienta,
toda de contrarios hecha,
siempre de saber sedienta
lo que menos le aprovecha.
Aquí nace, y muere allí,
y torna a nacer aquí;
tiene mil padres a un punto:
éste, vivo; aquél, difunto,
y ella vive y muere así.

(Sale CURIOSIDAD.*)*

La vana Curiosidad
es esta que ves presente,
hija de la Liviandad,
con cien ojos en la frente,
y los más con ceguedad.
Es en todo entremetida,
y susténtale la vida
estar contino despierta,
y hace la guarda a una puerta
de muy difícil salida.

(Con una soga a la garganta y una daga desenvainada en la mano, sale la DESESPERACIÓN, *como diré.)*

Es la Desesperación
esta espantosa figura,
sobre todas cuantas son,
y, aunque es mala su hechura,

es peor su condición.
Ésta sigue las pisadas
de los Celos, desdichadas,
y anda tan junto con ellos,
que desde aquí puedes vellos
si cesan las llamaradas.

(Suena la música triste, y salen los CELOS, *como diré, con una tunicela azul, pintada en ella sierpes y lagartos, con una cabellera blanca, negra y azul.)*

Mas veslos, salen: advierte
que cuanto con ellos miras
amenazan triste suerte,
ciertos y luengos pesares
y, al fin, desdichada muerte.
Todos sus secuaces son,
puestos en comparación,
de sus males una sombra
que, puesto que nos asombra,
no desmaya al corazón.
Toca su mano y verás
en el estado que quedas,
diferente del que estás;
y tal quedes, que no puedas
ni quieras ya querer más.

(Tocan los CELOS *la mano a* REINALDOS.*)*

REINALDOS ¡Celos, que se me abrasa el pecho
y se cela! ¡En duro estrecho
me pone el señor de Aglante!
¡Celos, quitáosme delante:
basta el mal que me habéis hecho!

MALGESÍ ¿Cómo que con la invención
de quien yo tanto fié
no se cela el corazón

de mi primo? Yo no sé
la causa ni la razón.

(Dice de dentro MERLÍN.*)*

MERLÍN — Malgesí, ¡cuán poco sabes!
Mas yo haré que no te alabes
de tu invención, aunque estraña.
Pártete desta montaña
antes que la vida acabes.

MALGESÍ — Ya te conozco, Merlín;
pero yo veré si puedo
ver de mi deseo el fin,
porque no me pone miedo
desa tu voz el retín.

MERLÍN — A tu primo entre esa yerba
pondrás, que a mí se reserva
y a mi fuente su salud;
que hasta agora su virtud
el cielo en ella conserva.

MALGESÍ — Volveos por do venistes,
figuras feas y tristes,
que mi primo quedará
adonde esperar podrá
el remedio que no distes.

(Éntranse las sombras.)

Y yo, en tanto, buscaré
medio para remedialle,
y creo que lo hallaré.

(Desvía de allí a REINALDOS.*)*

MERLÍN — Calla y procura dejalle,
Malgesí.

MALGESÍ — Así lo haré.

(Éntrase MALGESÍ.*)*

(Parece a este instante el carro de fuego, de los leones de la montaña, y en él la diosa VENUS.*)*

VENUS

De Adonis la compañía
dejo casi de mi grado
por seguir la fantasía
deste espíritu encantado
que en apremiarme porfía.
Espérame hasta que vuelva,
mi Adonis, y amor resuelva
tu brío, que no le alabo;
mira que es el puerco bravo
de la Calidonia selva.
Pero, ¿qué puedo hacer
sin mi hijo en este trance,
donde tanto es menester?
Merlín ha errado este lance;
que a veces yerra el saber.
Mas yo le quiero llamar,
que a las veces suele estar
mezclado entre los pastores,
y entonces son los amores
para mirar y admirar.
Hijo mío, ¿dónde estáis?
Si acaso la voz oís,
y como a madre me amáis,
decid: ¿cómo no venís?,
que si venís, ya tardáis.
Mas los músicos acentos
que van rompiendo los vientos
su venida manifiestan.
¡Oh hijo, y cuánto que cuestan
aun tus fingidos contentos!

(Suena música de chirimías; sale la nube, y en ella el dios CUPIDO, *vestido y con alas, flecha y arco desarmado.)*

AMOR ¿Qué quieres, madre querida,
que con tal priesa me llamas?

VENUS Está en peligro una vida,
ardiendo en tus vivas llamas,
y en un yelo consumida.
Los celos, que en opinión
están que tus hijos son,
ciego y simple desvarío,
le tienen el pecho frío
y abrasado el corazón.
Conviene que te resuelvas
en su bien, y que le vuelvas
en su antigua libertad.

AMOR Remedio a su enfermedad
ha de hallar en estas selvas.
Por tiempo hallará una fuente,
cuyo corriente templado
apaga mi fuego ardiente,
y mi pena enamorada
vuelve en desdén insolente.
Beberá Reinaldos della,
y de Angélica la bella,
la hermosura que así quiere,
si agora por vella muere,
ha de morir por no vella.
Levanta, guerrero invicto,
y tiende otra vez el paso
cerca de aqueste distrito,
que en él hallarás acaso
medio a tu mal infinito.
Aunque has de pasar primero
trances que callarlos quiero,
pues decillos no conviene.

REINALDOS Aquel que celos no tiene,
no tiene amor verdadero.

(Éntrase REINALDOS.*)*

VENUS Ya aqueste negocio es hecho.
¿No me dirás, hijo amado,
si es invención de provecho
andar en traje no usado
y el arco roto y deshecho?
¿Quién te le rompió? ¿Y quién pudo
cubrir tu cuerpo desnudo,
que su libertad mostraba?
¿Quién te ha quitado el aljaba
y la venda? Di; ¿estás mudo?

AMOR Has de saber, madre mía,
que en la corte donde he estado
no hay amor sin granjería,
y el interés se ha usurpado
mi reino y mi monarquía.
Yo, viendo que mi poder
poco me podía valer,
usé de astucia, y vestíme,
y con él entremetíme,
y todo fue menester.
Quité a mis alas el pelo,
y en su lugar me dispuse,
a volar con terciopelo;
y, al instante que lo puse,
sentí aligerar mi vuelo.
Del carcaj hice bolsón,
y del dorado arpón
de cada flecha, un escudo,
y con esto, y no ir desnudo,
alcancé mi pretensión.
Hallé entradas en los pechos
que a la vista parecían
de acero o de mármol hechos;

pero luego se rendían
al golpe de mis provechos.
No valen en nuestros días
las antiguas bizarrías
de Heros ni de Leandros,
y valen dos Alejandros
más que docientos Macías.

(Entra RÚSTICO.*)*

RÚSTICO Lauso, acude; y tú, Corinto,
acude, que, a lo que creo,
otro papagayo veo,
o si no, pájaro pinto.
Acude, Clori, y verás
la verdad de lo que digo;
y trae a esotra contigo,
y más, si quisieres más.

AMOR Yo sé bien que estos pastores
nos han de dar un buen rato.

(Entra LAUSO, CORINTO *y* CLORI, *y* ANGÉLICA, *como pastora.)*

LAUSO ¿Tú no miras, insensato,
que aquél es el dios de amores?

RÚSTICO Como con alas le vi,
entendí que era alcotán.

CORINTO ¡Quítate de aquí, pausán!

RÚSTICO ¿Pues yo qué te hago aquí?

CORINTO No te me pongas delante,
que quiero hacer reverencia
a este niño.

RÚSTICO ¡Qué inocencia!
¿Niño es éste?

CORINTO Y es gigante.

RÚSTICO Niñazo le llamo yo,

pues ya le apunta el bigote.
No os burléis con el cogote.
¡Mal haya quien me vistió!

AMOR No quiero que me hagáis,
buena gente, sacrificio,
y téngoos en gran servicio
la voluntad que mostráis;
y en pago quiero deciros
la ventura que os espera.

VENUS Harás, hijo, de manera
que den vado a sus suspiros.

AMOR Tú, Lauso, jamás serás
desechado ni admitido;
tú, Corinto, da al olvido
tu pretensión desde hoy más;
Rústico, mientras tuviere
riquezas, tendrá contento:
mudará cada momento
Clori el bien que poseyere;
la pastora disfrazada
suplicará a quien la ruega.
Y, esto dicho, el fin se llega
de dar fin a esta jornada.

LAUSO En tanto, Amor, que te vas,
porque algún contento goces,
de nuestras rústicas voces
el rústico acento oirás.
Corinto y Clori, ayudadme;
cantaréis lo que diré.

CLORI ¿Qué hemos de cantar?

CORINTO No sé.

LAUSO Diréis después, y escuchadme.
Venga norabuena
Cupido a nuestras selvas,
norabuena venga.

Sea bienvenido
médico tan grave,
que así curar sabe
de desdén y olvido;
hémosle entendido,
y lo que él ordena
sea norabuena.
Quedan estas peñas
ricas de ventura,
pues tanta hermosura
hoy en ella enseñas.
Brotarán sus breñas
néctar dondequiera.
¡Norabuena sea!

(Mientras cantan, se va el carro de VENUS, *y* CUPIDO *en él; y suenen las chirimías, y luego dice* LAUSO:*)*

LAUSO Vamos a nuestras cabañas
a hacer nuevas alegrías,
pues vemos en nuestros días
tan ricas estas montañas;
y si aquello que desea
cada cual no ha sucedido,
pues el Amor lo ha querido,
decid: «¡Norabuena sea!»

(Todos: «¡Norabuena sea, sea norabuena!», *y éntranse, y sale* BERNARDO *y su* ESCUDERO.*)*

BERNARDO ¿Cómo no viene Marfisa?
ESCUDERO Detrás quedó de aquel monte.
BERNARDO Pues sobre ese risco ponte,
y mira si se divisa.
ESCUDERO Ella dijo que al momento
tras nosotros se vendría.
BERNARDO ¡Estraña es su bizarría!

ESCUDERO Y su valor, según siento.

BERNARDO A lo menos su arrogancia,
pues la lleva sin parar
a sola desafiar
los Doce Pares de Francia;
y tengo de acompañalla,
que ya se lo he prometido.

ESCUDERO En negocio te has metido
harto estraño.

BERNARDO ¡Simple, calla!;
que siempre es mi intención
buscar y ver aventuras.
En París están seguras,
si se traba esta quistión.
Y veré dó llegar puede
el valor de aquesta dama.

ESCUDERO Llegará donde su fama
que a las mejores excede.

BERNARDO ¿Que se nos fue Ferraguto?

ESCUDERO Siempre, en cuanto hacía aquel moro,
le vi guardar un decoro
arrojado y resoluto.
Después que mató a Argalia,
y en el río le arrojó,
al momento se partió.

BERNARDO Tiene loca fantasía.
Mas dime: ¿no es el que asoma
aquel gallardo francés
de la pendencia?

ESCUDERO Sí es,
y es confaloner de Roma.

BERNARDO ¿No es Roldán?

ESCUDERO Roldán es, cierto.

BERNARDO Agora quiero proballo,
pues nadie podrá estorballo

en este solo desierto.
¡Qué pensativo que viene!
¿No parece que algo busca?

ESCUDERO — Todo el sentido le ofusca
amor que en el pecho tiene.

BERNARDO — ¿Cómo lo sabes?

ESCUDERO — ¿No viste
que la pendencia dejó,
y tras la dama corrió,
que allí se mostró tan triste?

BERNARDO — ¡Ah Roldán, Roldán!

ROLDÁN — ¿Quién llama?

BERNARDO — Deciende acá y lo verás.

ROLDÁN — ¡Oh Angélica!, ¿dónde estás?

ESCUDERO — ¿Ves si le abrasa su llama?

ROLDÁN — ¿Qué me quieres, caballero?

BERNARDO — ¿No me conoces?

ROLDÁN — No, cierto.

ESCUDERO — Bien en lo que digo acierto:
él es de amor prisionero.
Haré yo una buena apuesta
que está puesto en tal abismo,
que no sabe de sí mismo.

BERNARDO — ¿Hay cosa que iguale a esta?
¿Que no me conoces?

ROLDÁN — No.

BERNARDO — Pues yo te conozco a ti.
¿No eres Roldán?

ROLDÁN — Creo que sí.

ESCUDERO — Mirad si lo digo yo.
En «creo» pone si es él;
¡cuál le tiene Amor esquivo!

BERNARDO — El estar tan pensativo
nos muestra su mal crüel.
¡Ah, Roldán, señor, señor!

ROLDÁN ¿Habláis conmigo, por dicha?

BERNARDO ¡Esta si que es gran desdicha!

ESCUDERO Como desdicha de amor.
¡Estraño embelesamiento!

ROLDÁN ¡Oh Angélica dulce y cara!
¿Adónde escondes la cara,
que es gloria de mi tormento?
El corazón se me quema,
¡oh Angélica, mi reposo!

ESCUDERO Deste sermón amoroso,
esta Angélica es el tema.
Parece que está en ser
que puedes desafialle.

BERNARDO Quisiera yo remedialle
si lo pudiera hacer.

(Parece ANGÉLICA, *y va tras ella* ROLDÁN; *pónese en la tramoya y desparece, y a la vuelta parece la* MALA FAMA, *vestida como diré, con una tunicela negra, una trompeta negra en la mano, y alas negras y cabellera negra.)*

ROLDÁN ¿No es aquel mi cielo, cielos?
Él es, pero ya se encubre;
pues, cuando él se me descubre
es porque me cubran duelos.
Tras ti voy, nueva Atalanta;
que, si quiere socorrerme
amor, puede aquí ponerme
mil alas en cada planta.
Mi sol, ¿dó te transmontaste,
y qué sombra te sucede?
Mas, bien es que en noche quede
el que de tu luz privaste.

BERNARDO De aventuras están llenas
estas selvas, según veo.

ESCUDERO — Viendo estoy lo que no creo.
BERNARDO — ¡Calla!
ESCUDERO — No respiro apenas.
MALA FAMA — Detén el paso, senador romano,
y aun la intención pudieras detenella,
si tras sí, en vuelo presuroso y vano,
no la llevara Angélica la bella.
¿Mas tu consejo y proceder liviano
así la entregas, que cebado en ella
quieres que quede, ¡oh grave desventura!,
tu clara fama para siempre obscura?

La Mala Fama soy, que tiene cuenta
con las torpezas de excelentes hombres
para entregallas a perpetua afrenta,
y a viva muerte sus subidos nombres.
Mi mano en este libro negro asienta,
borrando la altivez de sus renombres,
los hechos malos que en el tiempo hicieron
cuando de amor la vana ley siguieron.

Aquí está el grande Alcides, no cortando
de la hidra lernea las cabezas,
sino a los pies de Deyanira hilando,
con mujeriles paños y ternezas.
Está el rey Salomón; mas no juzgando
las diferencias faltas de certezas,
sino dando ocasión por mil razones
que esté su salvación en opiniones.

Uno de aquel famoso triunvirato
aquí le tengo escrito y señalado,
cuando, a su patria y a su honor ingrato,
cegó en la luz del rostro delicado.
En mitad de la pompa y aparato
del bélico furor, de miedo armado,
los ojos vuelve y ánimo a la nueva
Angélica egipciana que le lleva.

Es infinito el número que encierran
aquestas negras hojas de los hechos
de aquellos que su nombre y fama atierran,
porque amor sujetó sus duros pechos;
y si tú quieres ser de los que yerran,
aunque están los renglones tan estrechos,
ancho lugar haré para que escriba
tu nombre, y en infamia eterna viva.

(Vuélvese la tramoya.)

ROLDÁN Yo mudaré parecer,
a pesar de lo que quiero.
BERNARDO ¿Conocéisme, caballero?
ROLDÁN Pues, ¿no os he de conocer?
Bien sé que sois español
y que Bernardo os llamáis.
BERNARDO ¡Gracias a Dios que miráis
ya sin nublados el sol!
ROLDÁN ¿Habéis estado presente
al caso de admiración?
BERNARDO Sí he estado.
ROLDÁN ¿Y no es gran razón
que yo vuelva diferente,
siendo una joya la honra
que no se puede estimar?
BERNARDO Verdad es; mas por amar
no se adquiere la deshonra.
ROLDÁN No hay amador que no haga
mil disparates, si es fino;
mas, ya que he cobrado el tino,
y sanado de mi llaga,
mis pasos caminarán
por diferente sendero.

(Entra MARFISA.*)*

MARFISA Bernardo, ¿no es el guerrero
este a quien llaman Roldán?
BERNARDO Él es. Mas, ¿por qué lo dices?
MARFISA Porque su fama me fuerza
a probar con él mi fuerza,
porque tú la solenices
y veas qué compañero
te ha dado en mí la fortuna.
ROLDÁN ¡No hay, cual Angélica, alguna
en todo nuestro hemisfero!
ESCUDERO ¡Por Dios, que se ha vuelto al tema!
ROLDÁN Falsa fue aquella visión,
y de nuevo el corazón
parece que se me quema.

(Aparece otra vez ANGÉLICA, *y huye a la tramoya, y vuélvese, y parece la* BUENA FAMA, *vestida de blanco, con una corona en la cabeza, alas pintadas de varias colores y una trompeta.)*

¿Has tornado a amanecer,
sol mío? Pues ya te sigo.
ESCUDERO Poco ha durado el amigo
en su honroso parecer.
MARFISA Bernardo, ¿qué es lo que veo?
BERNARDO Calla y escucha, y verás
misterios.
ESCUDERO No digas más,
que quiere hablar, según creo.
BUENA FAMA Pues temor de la infamia no ha podido
tus deseos volver a mejor parte,
vuélvalos el amor de ser tenido,
en todo el orbe por segundo Marte.
En este libro de oro está esculpido,
como en mármol o en bronce, en esta parte,
tu nombre y el de aquellos esforzados
que dieron a las armas sus cuidados.

Aquí, con inmortal, alto trofeo,
notado tengo en la verdad que sigo,
aquel gran caballero Macabeo,
guía del pueblo que de Dios fue amigo.
Casi a su lado el nombre escrito veo
de aquel batallador que fue enemigo
de la pereza infame, del que, en suma,
puso en igual balanza, lanza y pluma.

Tengo otros mil que no puedo contarte,
porque el tiempo y lugar no lo concede,
y porque yo le tenga de avisarte
lo que mi voz con mis escritos puede.
Della verás, y dellos levantarte
sobre el altura que aun al cielo excede,
si dejas de seguir del niño ciego
la blandura y regalo y dulce fuego.

Huye, Roldán, de Angélica, y advierte
que, en seguir la belleza que te inflama,
la vida pierdes y granjeas la muerte,
perdiendo a mí, que soy la Buena Fama.
Deben estas razones convencerte,
pues Marte a nombre sin igual te llama,
Amor a un abatido. En paz te queda,
y lo que te deseo te suceda.

(Vuélvese la tramoya.)

ROLDÁN — Bien sé que de Malgesí
son todas estas visiones.

BERNARDO — Pues dime: ¿a qué te dispones?

MARFISA — De espanto no estoy en mí.
Mal dije; de admiración,
que espanto jamás le tuve.

ROLDÁN — Corto de manos anduve
con una y otra visión;
si pedazos las hiciera,

no me dejaran confuso;
mas volverán, que es su uso
asaltarme dondequiera.

Respondiendo, pues, Bernardo,
a lo que me preguntaste,
digo que no hay mar que baste
templar el fuego en que ardo.

Y quedaos en paz los dos,
porque ir de aquí me conviene.

MARFISA ¡Estremado brío tiene!

BERNARDO Dios vaya, Roldán, con vos.

MARFISA Vilo, y no puedo creello:
tal es lo que visto habemos.

BERNARDO Por el camino podremos
hacer discurso sobre ello.

ESCUDERO En fin, ¿vamos a París?

BERNARDO ¿Ya no te he dicho que sí?

MARFISA Yo, a lo menos.

ESCUDERO Por allí
hay camino, si advertís.

BERNARDO Los caballos, ¿dónde están?

ESCUDERO Aquí junto.

BERNARDO Ve por ellos.

ESCUDERO Allá subiréis en ellos.

MARFISA ¡Pensativo iba Roldán!

Jornada tercera

Salen Lauso *y* Corinto, *pastores.*

Lauso

En el silencio de la noche, cuando
ocupa el dulce sueño a los mortales,
la pobre cuenta de mis ricos males
estoy al cielo y a mi Clori dando.

Y, al tiempo cuando el sol se va mostrando,
por las rosadas puertas orientales,
con gemidos y acentos desiguales
voy la antigua querella renovando.

Y cuando el sol de su estrellado asiento
derechos rayos a la tierra envía,
el llanto crece, y doblo los gemidos.

Vuelve la noche, y vuelvo al triste cuento,
y siempre hallo en mi mortal porfía
al cielo sordo, a Clori sin oídos.

Corinto

¿Para qué tantas endechas?
Lauso amigo, déjalas,
pues mientras más dices, más
siempre menos te aprovechas.

Yo tengo el corazón negro
por Clori y por sus desdenes;
mas, pues no me vienen bienes,
ya con los males me alegro.

Clori y la nueva pastora,
ajenas de nuestros males,
con voces claras e iguales,
venían cantando agora.

Al encuentro les salgamos
y ayudemos su canticio;
que tanto llorar es vicio,

si bien lo consideramos.

LAUSO ¿Viene Rústico con ellas?

CORINTO No se les quita del lado.

LAUSO ¡Ah pastor afortunado!
Ni quiero oíllas, ni vellas.

CORINTO Eso ya no puede ser,
que veslas, vienen allí;
canta por amor de mí.

LAUSO Procúralas de entender.

(Entra CLORI, *cantando, y* RÚSTICO *con ellas, y* ANGÉLICA.*)*

CLORI *¡Bien haya quien hizo*
cadenitas, cadenas;
bien haya quien hizo
cadenas de amor!
¡Bien haya el acero
de que se formaron,
y los que inventaron
amor verdadero!
¡Bien haya el dinero
de metal mejor;
bien haya quien hizo
cadenas de amor!

LAUSO ¡Bien haya el amante
que a tantos vaivenes,
iras y desdenes,
firme está y constante!
Éste se adelante
al rico mayor.
¡Bien haya quien hizo
cadenas de amor!

RÚSTICO ¡Oh, quién supiera cantar!

CORINTO ¿Que no lo sabes, pastor?

RÚSTICO Ni contralto ni tenor;
que estoy para reventar.

CORINTO — Mas, ¿va que tienes agallas?
Muestra: abre bien la boca,
que esta cura a mí me toca;
abre más, si he de curallas.
Ven acá. ¡Mal hayas tú
y el padre que te engendró!

RÚSTICO — Pues, ¿qué culpa tengo yo?

CORINTO — ¡Ofrézcote a Bercebú!
¿Y no has caído en la cuenta
de que tenías agallas?

RÚSTICO — Pues, ¿hay más sino sacallas?

CLORI — Esta burla me contenta;
que, puesto que bien le quiero,
que le burlen me da gusto.

CORINTO — Yo te sacaré, a tu gusto,
o cantor o pregonero.
¿Tienes algún senojil?

RÚSTICO — Una ligapierna tengo,
y buena.

CORINTO — Ya me prevengo
a hacerte cantor sutil.
Aquésta poco aprovecha;
que, para este menester,
izquierda tiene de ser,
que no vale la derecha.
¿Qué me darás, y te haré
cantor subido y notable?

RÚSTICO — En la paga no se hable,
que un novillo te daré.
La liga izquierda es aquésta:
tómala, y pon diligencia
en mostrar aquí tu ciencia.

CORINTO — Dios sabe cuánto me cuesta.
Mas con esta liga y lazo
saldré muy bien con mi intento.

RÚSTICO Hacia esta parte las siento.
CORINTO Déjame atar; quita el brazo.
¿Con qué voz quieres quedar:
tiple, contralto o tenor?
RÚSTICO Contrabajo es muy mejor.
CORINTO Ese no te ha de faltar
mientras tratares conmigo.
Ten paciencia, sufre y calla;
ya se ha quebrado una agalla.
RÚSTICO ¡Que me ahogas, enemigo!
CORINTO Contralto quedas, sin duda,
que la voz lo manifiesta.
[...] pues aun ahora está en muda;
a otro estirón que le dé,
estará como ha de estar.
RÚSTICO Ladrón, ¿quiéresme ahogar?
CORINTO No lo sé; mas probaré.
CLORI ¡Acaba; la burla baste!
RÚSTICO ¡A mí semejantes burlas!
CORINTO Rústico, ¿de mí te burlas,
que no me pagas y vaste?
¡Pues a fee que has de llevar
comida y sobrecomida!
Todo, amigo, se comida
a ayudarme a este cantar:
Corrido va el abad,
por el cañaveral.
Corrido va el abad,
corrido va y muy mohíno,
porque, por su desatino,
cierto desastre le vino
que le hizo caminar
por el cañaveral.
Confiado en que es muy rico,
no ha caído en que es borrico;

y por aquesto me aplico
a decirle este cantar:
por el cañaveral...

(Parece REINALDOS *por la montaña.)*

LAUSO
La burla ha estado, a lo menos
como al sujeto conviene.

ANGÉLICA
¡Otra vez mi muerte viene!
¡Abrid, tierra, vuestros senos
y encerradme en ellos luego!

LAUSO
¿De qué, pastora, te espantas?

ANGÉLICA
¡A vosotras, tiernas plantas,
mi vida o mi muerte entrego!

(Éntrase ANGÉLICA *huyendo.)*

CLORI
Lauso, vámonos tras ella,
a ver qué le ha sucedido.

LAUSO
A tu voluntad rendido
estoy siempre, ingrata bella.

(Éntranse todos, y quédase CORINTO.*)*

CORINTO
Quedar quiero, a ver quién es
este pensativo y bravo.
El ademán yo le alabo;
mas, ¿si es paladín francés?

REINALDOS
O le falta al Amor conocimiento,
o le sobra crueldad, o no es mi pena
igual a la ocasión que me condena
al género más duro de tormento.
Pero si Amor es dios, es argumento
que nada ignora, y es razón muy buena
que un dios no sea cruel. Pues, ¿quién ordena
el terrible dolor que adoro y siento?
Si digo que es Angélica, no acierto;
que tanto mal en tanto bien no cabe,

ni me viene del cielo esta rüina.
Presto habré de morir, que es lo más cierto;
que, al mal de quien la causa no se sabe,
milagro es acertar la medicina.

CORINTO ¡Ta, ta! De amor viene herido;
bien tenemos que hacer.

REINALDOS ¿Que no quieres parecer,
oh bien, por mi mal perdido?
¿Has visto, pastor, acaso,
por entre aquesta espesura,
un milagro de hermosura
por quien yo mil muertes paso?
¿Has visto unos ojos bellos
que dos estrellas semejan,
y unos cabellos que dejan,
por ser oro, ser cabellos?
¿Has visto, a dicha, una frente
como espaciosa ribera,
y una hilera y otra hilera
de ricas perlas de Oriente?
Dime si has visto una boca
que respira olor sabeo,
y unos labios por quien creo
que el fino coral se apoca.
Di si has visto una garganta
que es coluna deste cielo,
y un blanco pecho de yelo,
do su fuego Amor quebranta;
y unas manos que son hechas
a torno de marfil blanco,
y un compuesto que es el blanco
do Amor despunta sus flechas.

CORINTO ¿Tiene, por dicha, señor,
ombligo aquesa quimera,
o pies de barro, como era

la de aquel rey Donoosor?
Porque, a decirte verdad,
no he visto en estas montañas
cosas tan ricas y estrañas
y de tanta calidad.
Y fuera muy fácil cosa,
si ellas por aquí anduvieran,
por invisibles que fueran
verlas mi vista curiosa.
Que una espaciosa ribera,
dos estrellas y un tesoro
de cabellos, que son oro,
¿dónde esconderse pudiera?
Y el sabeo olor que dices,
¿no me llevara tras sí?
Porque en mi vida sentí
romadizo en mis narices.
Mas, en fin, decirte quiero
lo que he hallado, y no ser terco.

REINALDOS ¿Qué son? Habla.

CORINTO Tres pies de puerco
y unas manos de carnero.

REINALDOS ¡Oh hi de puta, bellaco!;
pues, ¿con Reinaldos de burlas?

CORINTO De mis donaires y burlas
siempre tales premios saco.

(Éntrase huyendo CORINTO.*)*

(Suena dentro esta voz de ANGÉLICA.*)*

ANGÉLICA ¡Socorredme, Reinaldos, que me matan!
¡Mira que soy la sin ventura Angélica!

REINALDOS La voz es ésta de mi amada diosa.
¿Adónde estás, tesoro de mi alma,
única al mundo en hermosura y gracia?

La triste barca del barquero horrendo
pasaré por hallarte, y al abismo,
cual nuevo Orfeo, bajaré llorando
y romperé las puertas de diamante.

ANGÉLICA ¡Moriré si te tardas; date prisa!

REINALDOS ¿Qué camino he de hacer, amada mía?
¿Estás en las entrañas de la tierra,
o enciérrante estas peñas en su centro?
Doquier que estás te buscaré, viviendo,
o ya desnudo espíritu sin carne.

(Salen dos SÁTIROS *que traen a* ANGÉLICA *como arrastrando, con un cordel a la garganta.)*

ANGÉLICA ¡Socorredme, Reinaldos, que me matan!

REINALDOS No corráis más; volved, ligeras plantas,
que no os va menos que la vida en esto.
¡Miserable de mí! ¿Quién me detiene?
¿Quién mis pies ha clavado con la tierra?
¡Verdugos infernales, deteneos!
¡No añudéis el cordel a la garganta,
que es basa donde asienta y donde estriba
el cielo de hermosura sobrehumana!
¡Miserable de mí cien mil vegadas,
que no puedo moverme ni dar paso!
Canalla infame, ¿para qué os dais prisa
a acabar esa vida de mi vida,
a escurecer el sol que alumbra el mundo?
¡Tate, traidores, que apretáis un cuello
adonde el amor forma tales voces,
que el mal desmenguan y la gloria aumentan
del venturoso que escucharlas puede!
¡Oh, que la ahogan! ¡Socorredla, cielos,
pues yo no puedo! ¡Oh sátiros lascivos!
¿Cómo tanta belleza no os ablanda?

(*Vanse los* SÁTIROS.)

Ya dieron fin a su cruel empresa;
muerta queda mi vida, muerta queda
la esperanza que en pie la sostenía:
ahora os moveré, pues, sin provecho;
otra vez y otras mil soy miserable;
ahora, pies, me llevaréis do vea
la imagen de la muerte más hermosa
que vieron ni verán ojos humanos;
¡oh pies, al bien enfermos y al mal sanos!

(*Llégase* REINALDOS *a* ANGÉLICA.)

¿Es posible que ante mí
te mataron, dulce amiga?
¿Y es posible que se diga
que yo no te socorrí?
¿Que es posible que la muerte
ha sido tan atrevida,
que acabó tu dulce vida
con trance amargo y tan fuerte?
¿Y que mi ventura encierra
tanta desventura y duelo,
que hoy tengo de ver mi cielo
puesto debajo la tierra?
¿Qué antropófagos, qué scitas
contra ti se conjuraron,
y qué manos te acabaron
sacrílegas y malditas?
Sin duda, el infierno todo
fue en tan desdichada empresa,
que así lo afirma y confiesa
de tu muerte el triste modo.
Mas yo le moveré guerra,
si es que me alcanza la vida

en tu triste despedida
para vivir en la tierra.
¿Yo vivir? Démoste agora
sepultura, ¡oh ángel bello!,
y después me veré en ello
cuando se llegue la hora.
Será de azada esta daga,
que abrirá la estrecha fuesa,
y daráse en ello priesa,
porque ha de hacer otra llaga.
Brazo en valor sin segundo,
trabajad con entereza
para enterrar la riqueza
mayor que ha tenido el mundo.
Vuestro afán, y no mi celo,
parece que en esto yerra,
si he de sacar tanta tierra
que venga a cubrir el cielo.
La tierra te sea liviana,
estremo de la beldad
que crió en cualquier edad
la naturaleza humana.
El tesoro desentierra
el que halla algún tesoro;
mas yo sigo otro decoro,
que cubro el mío con tierra.
Esta parte es concluida;
otra falta, y concluiráse,
si bien el alma costase,
como ha de costar la vida.
Otra sepultura esquiva
abriréis, daga, en mi pecho,
con que daréis fin a un hecho
que por luengos siglos viva.
Mi cuerpo, mi dulce y bella,

quede en esta tierra dura
cual piedra de sepultura,
que dice quién yace en ella.
¡Ea, cobarde francés,
morid con bríos ufanos,
pues no os ataron las manos
como os ligaron los pies!

(Vase a dar REINALDOS *con la daga; sale* MALGESÍ *en su mesma figura y detiénele el brazo, diciendo:)*

MALGESÍ No hagas tal, hermano amado;
porque, en este desconcierto,
antes que no verte muerto
quiero verte enamorado.
Aquesta enterrada y muerta
no es Angélica la bella,
sino sombra o imagen della,
que su vista desconcierta.
Para volverte en tu ser,
hice aquesta semejanza;
que el amor sin esperanza
no suele permanecer.
Mas, pues es tal tu locura,
que aun sin ella perseveras,
mira, para que no mueras,
vacía la sepultura.

REINALDOS ¿Que estos sobresaltos das
al que tienes por hermano?
Hechicero, mal cristiano;
mas tú me lo pagarás.
Pues lo sabes, ¿por qué gustas
de tratarme deste modo?

MALGESÍ Porque te estremas en todo,
y a ningún medio te ajustas.
Ven, y pondréte en la mano

a Angélica, y no fingida.

REINALDOS — Seréte toda mi vida
humilde, obediente hermano.

(Éntranse todos.)

(Suena una trompeta bastarda, lejos, y entran en el teatro CARLOMAGNO *y* GALALÓN.*)*

CARLOMAGNO — ¿Qué trompeta es la que suena?
¿Si es acaso otra aventura
que nos ponga en desventura,
que la otra no fue buena?
Bien lo dijo Malgesí;
mas yo, incrédulo y cristiano,
tuve su aviso por vano,
y crédito no le di.
Otra vez suena. ¿No habrá
quien nos avise qué es esto?

GALALÓN — Yo te lo diré bien presto.

CARLOMAGNO — Mejor este lo dirá.

(Entra un PAJE.*)*

PAJE — Por San Dionís han entrado
dos apuestos caballeros
que parecen forasteros,
pero de esfuerzo sobrado:
uno mayor y robusto,
otro mancebo y galán.

GALALÓN — ¿Dónde llegan?

PAJE — Llegarán.
Mas miradlos, si os da gusto,
que veis do asoman allí.

(Entra MARFISA *y* BERNARDO, *a caballo.)*

CARLOMAGNO — ¡Bravo ademán y valiente!

GALALÓN — ¡Qué gran número de gente

que traen los dos tras de sí!

CARLOMAGNO Pondré yo que es desafío.

GALALÓN El continente así muestra.

CARLOMAGNO ¿Dónde está agora la diestra
de Roldán?

GALALÓN ¡Ah, señor mío!
¿Faltan en tu corte iguales
a Roldán?

CARLOMAGNO Yo no lo sé.
Calla, que hablan.

GALALÓN Sí haré.

CARLOMAGNO Si dijeras desiguales...

MARFISA Escúchame, Carlomagno,
que yo hablaré como alcance
mi voz hasta tus orejas,
por más que estemos distantes;
y denme también oídos
tus famosos Doce Pares,
que yo les daré mis manos
cada y cuando que gustaren.
Una mujer soy que encierra
deseos en sí tan grandes,
que compiten con el cielo,
porque en la tierra no caben.
Soy más varón en las obras
que mujer en el semblante;
ciño espada y traigo escudo,
huigo a Venus, sigo a Marte;
poco me curo de Cristo;
de Mahoma no hay hablarme;
es mi dios mi brazo solo,
y mis obras, mis Penates.
Fama quiero y honra busco,
no entre bailes ni cantares,
sino entre acerados petos,

entre lanzas y entre alfanjes.
Y es fama que las que vibran
y las que ciñen tus Pares
vuelan y cortan más que otras
regidas de brazos tales.
Por probar si esto es verdad,
vivos deseos me traen,
y a todos los desafío,
pero a singular certamen;
y, para que no se afrenten
de una mujer que esto hace,
mi nombre quiero decilles:
soy Marfisa, y esto baste.

BERNARDO En el padrón de Merlín
va Marfisa a aposentarse,
donde esperará tres días
el deseado combate;
y si tantos acudieren
que no puedan despacharse,
ella desde aquí me escoge
y elige por su ayudante.
Soy caballero español
de prendas y de linaje,
y quizá el mismo deseo
de Marfisa aquí me trae.
Y entended que el desafío
ha de ser a todo trance,
porque grandes honras deben
comprarse a peligros grandes.

MARFISA Decid que deje Roldán
amorosos disparates,
que con Venus y Cupido
se aviene mal el dios Marte.
Lo que el español ha dicho
lo confirmo; y, porque es tarde

y el padrón no está muy cerca,
el Dios que adoráis os guarde.

CARLOMAGNO ¿Hay, por dicha, Galalón,
en París otros Roldanes?
¿Hay otro alguno que pueda
con Reinaldos igualarse?
Si los hay, ¿cómo han callado,
oyendo desafiarse?
¡Oh, mal hubieses, Angélica,
que tantos males me haces!
Colgados de tu hermosura,
todos mis valientes traes;
solo han dejado a París,
solo, por ir a buscarte.

GALALÓN Mientras vive Galalón,
ninguno podrá agraviarte;
y mañana con las obras
haré mis dichos verdades.
Dame licencia, señor,
porque al punto vaya a armarme.

CARLOMAGNO No hay para qué me la pida
quien es de los Doce Pares.

(Éntranse.)

(Entran FERRAGUTO *y* ROLDÁN, *riñendo, con las espadas desnudas.)*

ROLDÁN Tú le mataste, y fue alevosamente,
moro español, sin fe y sin Dios nacido.

FERRAGUTO Tu falsa lengua, como falso, miente,
y mentirá mil veces, y ha mentido.

ROLDÁN ¿No fue maldad echarle en la corriente
del río?

FERRAGUTO Muy bien puede del vencido
hacer el vencedor lo que quisiere.

ROLDÁN De tu falso argüir eso se infiere.

No te retires, bárbaro arrogante,
que quiero castigar tu alevosía.

FERRAGUTO Si me retiro, fanfarrón de Aglante,
el paso sí, la voluntad no es mía.
Por Mahoma te juro, y Trivigante,
que no sé quién me impele y me desvía
de tu presencia, ¡oh paladín gallardo!

ROLDÁN Con esta acabarás, que ya me tardo.

(Retírase FERRAGUTO, *y, puesto en la tramoya, al tirarle* ROLDÁN *una estocada, se vuelva la tramoya, y parece en ella* ANGÉLICA, *y* ROLDÁN, *echándose a los pies della; al punto que se inclina, se vuelve la tramoya, y parece uno de los* SÁTIROS, *y hállase* ROLDÁN *abrazado con sus pies.)*

ROLDÁN ¿Qué milagros son éstos, Dios inmenso?
¿Es piedad del Amor ésta que veo?
Arrójome a tus pies, y en esto pienso
que satisfago en todo a mi deseo.
Coge, amada enemiga, el fruto y censo
que estos labios te dan, y por trofeo
ponga Amor en su templo que un Orlando
está tus bellas plantas adorando.

De ámbar pensé, mas no es sino de azufre,
el olor que despiden estas plantas.
¿Adónde tanto engaño, Amor, se sufre,
o quién puede formar visiones tantas?
Ésta veré si esta estocada sufre.

(Vuélvese la tramoya, y parece MALGESÍ *en su forma.)*

MALGESÍ Primo, ¿que no te enmiendas ni te espantas?

ROLDÁN ¡Oh Malgesí! Hazaña ha sido aquésta
que mi amor y tu ciencia manifiesta.

Mas, dime: ¿de qué sirven tantas pruebas
para ver que estoy loco y que me pierdo,
sabiendo que el estilo que tú llevas

ni le cree ni le admite el hombre cuerdo?

MALGESÍ Ven conmigo, Roldán; daréte nuevas
de tu bien por tu mal.

ROLDÁN ¡Oh sabio acuerdo!
Llévame, primo, en presuroso vuelo
deste infierno de ausencia a ver mi cielo.

MALGESÍ Arrima las espaldas a esa caña,
los ojos cierra y de Jesús te olvida.

ROLDÁN Grave cosa me pides.

MALGESÍ Date maña,
que importa a tu contento esta venida.

ROLDÁN ¿Estoy bien puesto?

MALGESÍ Bien.

ROLDÁN Jesús me valga,
aunque jamás con esta empresa salga.

(Vuélvese la tramoya con ROLDÁN*; salen* BERNARDO *y* MARFISA*, y suena dentro una trompeta.)*

BERNARDO Trompeta y caballos siento,
y, según mi parecer,
paladín debe de ser
que viene al padrón contento,
y seguro de alcanzar
de ti, Marfisa, el trofeo.

MARFISA A pie viene, a lo que veo.

BERNARDO Pues, ¿quién le hizo apear?

MARFISA Lo que a nosotros. ¿No ves
que aquí caballo no llega?

BERNARDO Sin duda, es de la refriega;
que me parece francés.

(Entra GALALÓN*, armado de peto y espaldar.)*

GALALÓN Sálveos Dios, copia dichosa,
tan bella como valiente.

BERNARDO Dios te salve y te contente.

MARFISA ¡Salutación enfadosa!
Sálveme mi brazo a mí,
y conténteme mi fuerza.

GALALÓN Vuestro desafío me fuerza
y mueve a venir aquí.

MARFISA Dime si eres paladín.

GALALÓN Paladín digo que soy.

BERNARDO ¿Partiste de París hoy?

GALALÓN Anoche.

BERNARDO Pues, ¿a qué fin?

GALALÓN No más de a ver si hay qué ver
en ti y la bella Marfisa.

BERNARDO Tú te has dado buena prisa.

GALALÓN Conviene, porque hay que hacer.

MARFISA ¿Qué tienes que hacer?

GALALÓN Venceros
y dar a París la vuelta.

BERNARDO Si cual tienes lengua suelta
tienes agudos aceros,
bien saldrás con tu intención.
Mas, dime: ¿cómo es tu nombre?

GALALÓN Diréoslo, porque os asombre:
es mi nombre Galalón,
el gran señor de Maganza,
de los Doce el escogido.

BERNARDO Días ha que yo he sabido
que eres una buena lanza,
un crisol de la verdad,
un abismo de elocuencia,
un imposible de ciencia,
un archivo de lealtad.

MARFISA Contra la razón te pones,
Bernardo, porque la fama
por todo el mundo derrama
que éste es saco de traiciones,

y aun enemigo mortal
de todos los paladines,
malsín sobre los malsines,
mentiroso y desleal,
y, sobre todo, cobarde.

GALALÓN
A la prueba me remito,
y vengamos al conflito,
que se va haciendo tarde.
Empero, si queréis iros
sin comenzar esta empresa,
yo os juro y hago promesa
de eternamente serviros
y de no desenvainar
en contra vuestra mi espada.

BERNARDO
Promesa calificada
y muy digna de estimar.

MARFISA
Dame la mano, que quiero
aceptarte por amigo.

GALALÓN
Doyla, porque siempre sigo
proceder de caballero.
¡Cuerpo de quien me parió,
que los huesos me quebrantas!

MARFISA
Pues, ¿desto poco te espantas?

GALALÓN
De menos me espanto yo.
De modo vas apretando,
que se acerca ya mi fin.

BERNARDO
¿Un famoso paladín
ansí se ha de estar quejando
porque le dé una doncella
la mano por gran favor?

GALALÓN
¿Esta es doncella? Es furor,
es rayo que me atropella,
es de mi vida el contraste,
pues que ya me la ha quitado.

MARFISA
¡Por Dios, que se ha desmayado!

BERNARDO ¿Cómo, y tanto le apretaste?
MARFISA La mano le hice pedazos.
BERNARDO ¡Oh desdichado francés!
MARFISA Quitarle quiero el arnés,
pues viene sin guardabrazos,
y ponerle por trofeo
colgado de alguna rama,
con un mote que su fama
descubra, como deseo.
Pero fáltanme instrumentos
con que ponerlo en efecto.

*(*MALGESÍ *dice de dentro:)*

MALGESÍ No faltarán, te prometo,
pues sé tus buenos intentos.
Esos ministros que envío
cumplirán tu voluntad.
BERNARDO ¡Oh, qué estraña novedad!
MARFISA ¿Quién sabe el intento mío?
Los versos dicen lo mismo
que imaginé en mi intención.
¿Si llevan a Galalón
estos diablos al abismo?
GALALÓN Ya yo entiendo que aquí andas;
a ti digo, Malgesí.
Di: ¿no hallaste para mí
otro coche ni otras andas?

(Llévanle los SÁTIROS *en brazos a* GALALÓN.*)*

MARFISA Di cómo dice el trofeo;
quizá yo no lo he entendido.
BERNARDO Agudo está y escogido.
MARFISA Léelo en voz.
BERNARDO En voz lo leo:
Estar tan limpio y terso aqueste acero,

con la entereza que por todo alcanza,
nos dice que es, y es dicho verdadero,
del señor de la casa de Maganza.
Estas selvas está cierto
que están llenas de aventuras.

MARFISA Quedado habemos a escuras,
por el sol que se ha encubierto;
y, entre tanto que él visita
los antípodas de abajo,
demos al sueño el trabajo
que el reposo solicita.
A esta parte dormiré;
tú, Bernardo, duerme a aquella,
hasta que salga la estrella
que a Febo guarda la fe.
Y si en aquestos tres días
no vinieren paladines,
buscaremos otros fines
de más altas bizarrías.

BERNARDO Bien dices, aunque el sosiego
pocas veces le procuro,
con todo, a este peñón duro
el sueño y cabeza entrego.

(Échase a dormir.)

(Sale por lo hueco del teatro CASTILLA, *con un león en la una mano, y en la otra un castillo.)*

CASTILLA ¿Duermes, Bernardo amigo,
y aun de pesado sueño,
como el que de cuidados no procede?
¿Huyes de ser testigo
de que un estraño dueño
tu amada patria sin razón herede?
¿Esto sufrirse puede?

Advierte que tu tío,
contra todo derecho,
forma en el casto pecho
una opinión, un miedo, un desvarío
que le mueve a hacer cosa
ingrata a ti, infame a mí, y dañosa.
Quiere entregarme a Francia,
temeroso que, él muerto,
en mis despojos no se entregue el moro,
y está en esta ignorancia
de mi valor incierto
y dese tuyo sin igual que adoro.
No mira que el decoro
de animosa y valiente,
sin cansancio o desmayo,
que me infundió Pelayo,
he guardado en mi pecho eternamente,
y he de guardar contino,
sin que pavor le tuerza su camino.
Ven, y con tu presencia
infundirás un nuevo
corazón en los pechos desmayados;
curarás la dolencia
del rey, que, ciego al cebo
de pensamientos en temor fundados,
sigue vanos cuidados,
tan en deshonra mía,
que, si tú no me acorres
y luego me socorres,
huiré la luz del sol, huiré del día,
y en noche eterna obscura
lloraré sin cesar mi desventura.
Por oculto camino
del centro de la tierra
te llevaré, Bernardo, al patrio suelo.

Ven luego, que el destino
propicio tuyo encierra
tú en tu brazo tu honra y mi consuelo.
Ven, que el benigno Cielo
    a tu favor se inclina.
Llevaré a tu escudero
por el mismo sendero.
Y tú, sin par, que aspiras a divina,
procura otras empresas,
que es poco lo que en éstas interesas.
    Nadie en esta querella
batallará contigo,
que tras sí se los lleva la hermosura
de Angélica la bella,
común fiero enemigo
de los que en esto ponen su ventura.
Y está cierta y segura
    que dentro en pocos años
verás estrañas cosas,
amargas y gustosas,
engaños falsos, ciertos desengaños.
Y, en tanto, en paz te queda,
y así cual lo deseo te suceda.

(Éntrase CASTILLA *con* BERNARDO *por lo hueco del teatro.)*

MARFISA   Selvas de encantos llenas,
¿qué es aquesto que veo?
¿Qué figuras son éstas que se ofrecen?
¿Son malas o son buenas?
Entre creo y no creo,
me tienen estas sombras que parecen:
admiraciones crecen
    en mí, no ningún miedo.
Llevaronme a Bernardo,
y aquí sin causa aguardo.

Ir quiero a do mostrar mi esfuerzo puedo.
Vuelto me he en un instante;
derecha voy al campo de Agramante.

(CORINTO, *pastor, y* ANGÉLICA, *como pastora.)*

CORINTO — Digo que te llevaré,
si fuese a cabo del mundo.
ANGÉLICA — En tu valor, sin segundo,
sé bien que bien me fié.
CORINTO — Haya güelte, y tú verás
si te llevo do quisieres.
ANGÉLICA — Mira tú cuánto pudieres,
que eso mismo gastarás;
que tengo joyas que son
de valor y parecer.
CORINTO — Y ¿adónde se han de vender?
ANGÉLICA — Ahí está la confusión.
CORINTO — No reparar en el precio:
que, cuando hay necesidad,
es punto de habilidad
dar la cosa a menos precio.
Y más, que todo lo allana
un buen ingenio cursado.
Y ¿cuándo has determinado
que partamos?
ANGÉLICA — Yo, mañana.
CORINTO — Daremos de aquí en Marsella,
y allí nos embarcaremos,
y el camino tomaremos
para España, rica y bella.
Y, en saliendo del Estrecho,
tomar el rumbo a esta mano
por el mar profundo y cano
que tantas burlas me ha hecho.
Digo que si naves hay,

y en el viento no hay reveses,
en menos de trece meses
yo te pondré en el Catay.
¿Quieres más?

ANGÉLICA Eso me basta,
si así lo ordenase el Cielo.

CORINTO Aunque me ves deste pelo,
soy marinero de casta,
y nado como un atún,
y descubro como un lince,
y trabajo más que quince,
y más que veinte, y aún.
Pues, en el guardar secreto,
haz cuenta que mudo soy.
¿Quieres que nos vamos hoy?

(Entra REINALDOS.*)*

ANGÉLICA ¡Oh nuevo y terrible aprieto!
Si este me conoce, es cierta
mi muerte y mi sepultura.

CORINTO Pues encubre tu hermosura,
si es que puede estar cubierta.
Pero dime: ¿que este es
el francés del otro día?
¡Adiós, pastoraza mía,
que está mi vida en mis pies!

(Huye CORINTO.*)*

ANGÉLICA No es acertado esperalle;
muy mejor será huir.

REINALDOS ¿Sabrásme, amiga, decir,
de un rostro, donaire y talle
que es, más que humano, divino?
Alza el rostro. ¿A qué te encubres,
que parece que descubres

un no sé qué peregrino?
Alza a ver. ¡Oh santos cielos!
¿Qué es esto que ven mis ojos?
¡Oh gloria de mis enojos,
oh quietud de mis recelos!
¿Quién os puso en este traje?
¿Huísos? Pues, ¡vive Dios!,
ingrata, que he de ir tras vos
hasta que al infierno baje,
o hasta que al cielo me encumbre,
si allá os pensáis esconder;
que el tino no he de perder,
pues va delante tal lumbre.

(Corre ANGÉLICA *y entra por una puerta, y* REINALDOS *tras ella; y, al salir por otra, haya entrado* ROLDÁN, *y encuentra con ella.)*

ROLDÁN — De mi dolor conmovido,
te ha puesto el cielo en mis brazos.

REINALDOS — Suelta, que te haré pedazos,
amante descomedido;
suelta, digo, y considera
la grosería que haces.

ROLDÁN — ¿Para qué turbas mis paces,
sombra despiadada y fiera?
¿No ves que esta prenda es mía
de razón y de derecho?

REINALDOS — ¡Por Dios, que te pase el pecho!

ANGÉLICA — ¡Suerte airada, estrella impía!

REINALDOS — ¿Fíaste en ser encantado,
que no quieres defenderte?

ROLDÁN — No fío sino en tenerte
por un simple enamorado.

REINALDOS — ¡Mataréte, vive el cielo!

ROLDÁN — Si puedes, luego me acaba.

REINALDOS ¿Hay desvergüenza tan brava?
ROLDÁN ¿Hay tan necio y simple celo?
ANGÉLICA ¿Hay hembra tan sin ventura
como yo? Dúdolo, cierto.
¡Suelta, cruel, que me has muerto
a manos de tu locura!
REINALDOS ¡Suéltala, digo!
ROLDÁN ¡No quiero!
REINALDOS ¡Defiéndete, pues!
ROLDÁN ¡Ni aquesto!
REINALDOS ¡Loco estás!
ROLDÁN Yo lo confieso,
aunque de estar cuerdo espero.
ANGÉLICA Divididme en dos pedazos,
y repartid por mitad.
ROLDÁN No parto yo la beldad
que tengo puesta en mis brazos.
REINALDOS Dejarla tienes entera,
o la vida en estas manos.
ANGÉLICA ¡Oh hambrientos lobos tiranos,
cuál tenéis esta cordera!
El cielo se viene abajo,
de mi angustia condolido.
ROLDÁN ¡Oh salteador atrevido,
cuán sin fruto es tu trabajo!

(Descuélgase la nube y cubre a todos tres, que se esconden por lo hueco del teatro; y salen luego el EMPERADOR CARLOMAGNO *y* GALALÓN, *la mano en una banda, lastimada cuando se la apretó* MARFISA.*)*

CARLOMAGNO ¿Que vencistes a Marfisa?
GALALÓN Llegué y vencí todo junto,
porque yo no pierdo punto
si acaso importa la prisa.
Maltratóme aquesta mano

de un bravo golpe de espada,
de que quedó magullada,
porque fue el golpe de llano.

CARLOMAGNO — ¿Qué se hizo el español?

GALALÓN — Como vio en mí a toda Francia,
se deshizo su arrogancia
como las nubes al sol.
También le dejé vencido.

CARLOMAGNO — ¡Brava hazaña, Galalón!

GALALÓN — Hazaña de un corazón
que es de ti favorecido.

CARLOMAGNO — ¿Quién es éste?

GALALÓN — Malgesí.

CARLOMAGNO — ¡Oh, a qué buen tiempo que viene!
Parece que se detiene.
¿Viene armado?

GALALÓN — Creo que sí.

(Entra MALGESÍ *con el escudo de* GALALÓN*, donde vienen escritos los cuatro versos de antes.)*

CARLOMAGNO — Estraña armadura es esta,
¡oh Malgesí!, caro amigo.

GALALÓN — La ciencia deste enemigo
honra y vida y más me cuesta.

MALGESÍ — Señor, pues sabéis leer,
leed aquesta escritura.

GALALÓN — Mi cobardía se apura
si más quiero aquí atender.
Irme quiero a procurar
venganza deste embaidor.

(Entra GALALÓN*.)*

MALGESÍ — Después os diré, señor,
cosas que os han de admirar.

CARLOMAGNO — ¿Adónde queda Roldán,

y adónde queda Reinaldos?

MALGESÍ Sacro emperador, miraldos
de la manera que están.

(Vuelven a salir ROLDÁN, REINALDOS *y* ANGÉLICA, *de la misma manera como se entraron cuando les cubrió la nube.)*

REINALDOS Mi trabajo doy al viento,
por más que mi fuerza empleo.

ROLDÁN Reinaldos, no soy Anteo,
que me ha de faltar aliento.

ANGÉLICA ¡Cobardes como arrogantes,
de tal modo me tratáis,
que no es posible seáis
ni caballeros ni amantes!

MALGESÍ Vuelve la vista, emperador supremo;
verás el genio de París rompiendo
los aires y las nubes, paraninfo
despachado del cielo en favor tuyo.

CARLOMAGNO ¡Hermosa vista y novedad es esta!

(Parece un ÁNGEL *en una nube volante.)*

ÁNGEL Préstame, Carlo, atento y grato oído,
y escucha del divino acuerdo cuanto
tiene en tu daño y gusto estatuido
allá en las aulas del alcázar santo.
Presto estos campos con marcial rüido
retumbarán, y con horror y espanto
volverá las espaldas la cristiana
a la gente agarena y africana.

En honor de Macón y Trivigante,
con torcida y errada fantasía,
viste las duras armas Agramante,
y deja Ferragut a Andalucía.
Rodamonte feroz viene delante;
sus fuertes moros Zaragoza envía,

con Marsilio, su rey, y el rey Sobrino,
tan prudente, que casi es adivino.
    Queda Libia desierta, sin un moro;
de África quedan solas las mezquitas,
y todos a una voz tus lirios de oro
afrentan con palabras inauditas.
Mas tú, guardando el sin igual decoro
que guardas en empresas exquisitas,
sal al encuentro luego a esta canalla,
puesto que perderás en la batalla.
    Pero después la poderosa mano
ayudarte de modo determina,
que del moro español y el africano
seas el miedo y la total rüina.
Vuelvo con esto al trono soberano,
a ver si en tu favor se determina
de nuevo alguna cosa, y en un punto
tendrás mi vista y el aviso junto.

(Vase.)

CARLOMAGNO   ¡Gracias te doy, Dios inmenso,
por el aviso y merced!
ROLDÁN   Pues ella cayó en mi red,
gozalla, sin duda, pienso.
REINALDOS   ¿Todavía estás en eso?
ROLDÁN   ¿Y tú en eso todavía?
CARLOMAGNO   De vuestra loca porfía
he de sacar buen suceso,
    y ha de ser desta manera:
aquesta dama llevad,
y al momento la entregad
al gran duque de Baviera,
    y el que más daño hiciere
en el contrario escuadrón,
llevará por galardón

la prenda que tanto quiere.
ROLDÁN Soy contento.
REINALDOS Soy contento.
ROLDÁN ¡Morirán luego a mis manos
andaluces y africanos!
MALGESÍ ¡Vano saldrá vuestro intento!
ROLDÁN ¡Despedazaré a Agramante
y a su ejército en un punto!
Cuéntenle ya por difunto.
MALGESÍ No te alargues, arrogante,
que Dios dispone otra cosa,
como en efecto verás.
ROLDÁN ¡Oh Agramante! ¿Dónde estás?
REINALDOS ¡Por mía cuento esta diosa!
Cuando con victoria vuelvas,
crecerá tu gusto y fama,
que por ahora nos llama
fin suspenso a nuestras selvas.

(Suenan chirimías, y dase fin a la comedia.)